# MAISON DE VICTOR HUGO

# GUIDE

PARIS musées

# Sommaire



**Avertissement** : Sauf mention contraire, les œuvres citées (lettres, dessins, objets…) font partie des collections de la Maison de Victor Hugo.

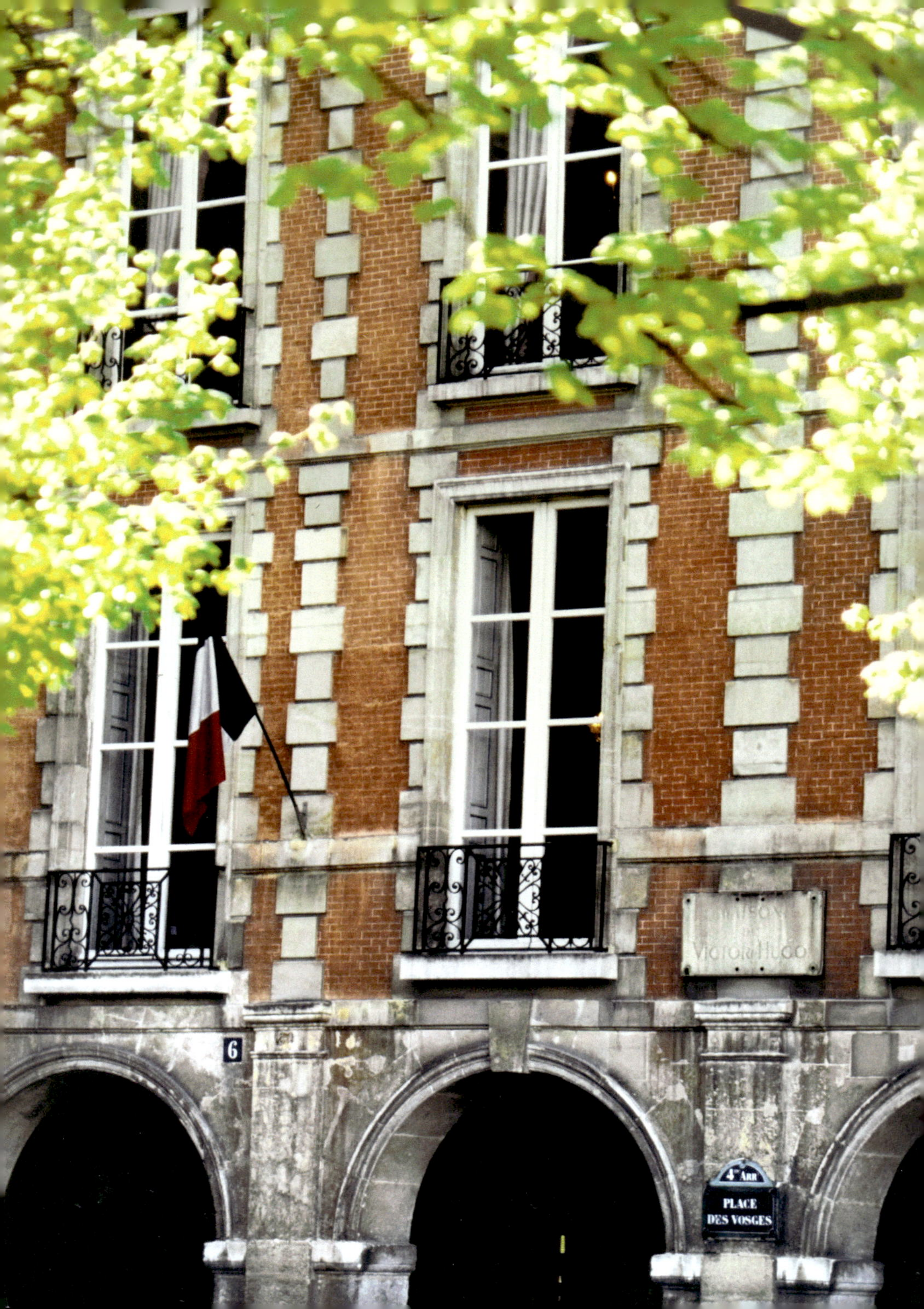
6
PLACE
DES VOSGES

# De l'hôtel de Rohan-Guéménée à la Maison de Victor Hugo

## L'hôtel de Rohan-Guéménée

En plein cœur du Marais, donnant sur l'une des plus belles places de Paris – la place des Vosges – se dresse, dans une encoignure des arcades qui la ceinturent, l'hôtel de Rohan-Guéménée, aujourd'hui Maison de Victor Hugo.
Construit en 1605 pour Isaac Arnauld, conseiller du roi et intendant des finances, lors de l'aménagement de la place alors dite « Royale » et du quartier des Tournelles, l'hôtel est vendu, en 1612, au marquis de Lavardin et, en 1621, à Pierre Jacquet, seigneur de Tigery. De 1639 à 1784, il devient la propriété de la famille de Louis de Rohan, prince de Guéménée, qui lui laissera son nom. Il est ensuite acquis par Jacques Desmary, avant d'entrer dans le patrimoine de la famille Péan de Saint-Gilles, dont les descendants le cèdent à la Ville de Paris en 1873.
L'hôtel se compose d'un corps de logis ouvrant sur la place et de deux ailes en retour portant chacune dix croisées sur la cour – autrefois bordée d'écuries et de remises – qui communique avec l'impasse Guéménée.

ill. 1
**Alain Mazeran (né en 1934)**
*Façade de la Maison de Victor Hugo, place des Vosges*
Photographie cibachrome couleur
45 x 30 cm
MVHP-PH-2719

En 1832, alors que résonnent les voix des comédiens répétant *Le roi s'amuse*, Victor Hugo, reconnu depuis *Hernani* comme le chef de file des romantiques, s'installe avec sa famille dans ce lointain Marais, au deuxième étage de l'hôtel, dans un appartement de 280 m$^2$ qu'il louera jusqu'en 1848. Le bail signé le 12 juillet stipule un loyer annuel de mille cinq cents francs à payer en quatre termes.

Alors âgé de trente ans, l'écrivain est marié depuis dix ans à Adèle Foucher dont il a quatre enfants : Léopoldine, Charles, François-Victor et Adèle. Il se rapproche là de son féal Théophile Gautier, l'homme aux cheveux longs et au gilet rouge, qui, lors de la bataille d'*Hernani*,

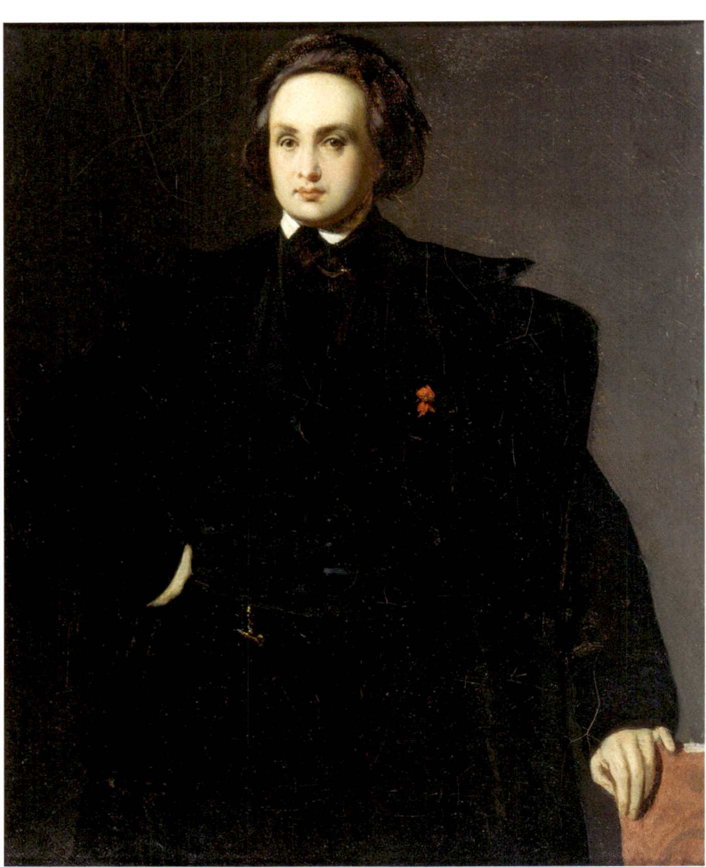

**ill. 2**
**Louis Boulanger (1806-1867)**
*Victor Hugo*, 1833
Huile sur toile
27,1 x 21,7 cm
MVHP-P-252

vociférait et gesticulait en faveur de l'auteur dans une salle partagée entre les classiques et les modernes. Charles Nodier, bibliothécaire de Charles X à l'Arsenal, et dont les salons littéraires sont très prisés, habite également à quelques enjambées.

ill. 2 La notoriété du jeune auteur est déjà grande : *Le Dernier Jour d'un condamné* et *Les Orientales*, en 1829, *Notre-Dame de Paris* et *Les Feuilles d'automne*, en 1831, ont contribué à asseoir sa réputation. Dans le salon de réception de sa nouvelle demeure, dont un balcon donne alors sur la place, l'écrivain réunit le cénacle romantique : Vigny, Lamartine, Sainte-Beuve, Dumas, Mérimée, David d'Angers, Boulanger, Châtillon…

Durant les seize années passées dans cet appartement bourgeois, le dramaturge connaît l'interdiction du *Roi s'amuse* et mène à bien son théâtre historique avec *Lucrèce Borgia* et *Marie Tudor* en 1833, *Angelo, tyran de Padoue* en 1835, *Ruy Blas* en 1838 et, enfin, *Les Burgraves* en 1843. Le poète publie des œuvres majeures : *Les Chants du crépuscule* en 1835, *Les Voix intérieures* en 1837, *Les Rayons et les Ombres* en 1840. Simultanément, l'écrivain entame la rédaction de son grand roman, *Les Misères* – qui deviendra *Les Misérables* –, de *La Légende des siècles* et des *Contemplations*, trois œuvres capitales qu'il termine et publie pendant l'exil.

Cette période est aussi celle de son ascension sociale. Élu à l'Académie française en 1841 après plusieurs échecs, il est nommé pair de France en 1845 et devient député de Paris à la Constituante en 1848.

Côté cœur, Hugo entame en 1833 avec Juliette Drouet, alors jeune comédienne, une liaison qui durera cinquante ans, en dépit des liens l'unissant à sa famille et à sa femme Adèle, de l'exil où Juliette le suit et des nombreux coups de cœur de l'amant volage.

À partir de 1834, le couple entreprend l'été des voyages, qui, à chaque fois, ravissent Juliette. Les lettres et les carnets du poète abondent alors en descriptions et en croquis.

Après la Bretagne, la Normandie, la Belgique et le nord de la France, ils se rendent en 1840 sur les bords du Rhin. Ce voyage sera le seul à donner naissance à une œuvre littéraire, *Le Rhin*, publiée en 1842 (édition définitive en 1845). Son souvenir hantera *Les Burgraves* et ressurgira désormais régulièrement dans l'œuvre graphique de l'écrivain/dessinateur.

En septembre 1843, après un périple en Espagne et dans les Pyrénées, le couple, lors d'une halte à Rochefort, apprend par un journal local la noyade de la fille aînée de Hugo, Léopoldine, et de Charles Vacquerie, auquel elle s'est unie le 15 février. Juliette, qui perdra trois ans plus tard sa fille unique, Claire Pradier, au même âge – dix-neuf ans –, entoure de sa tendresse le père effondré.

Arrivé place Royale monarchiste, les opinions politiques de Hugo évolueront notablement durant son séjour. Après s'être montré favorable à la régence de la duchesse d'Orléans, il va, sous la pression des événements, peu à peu partager l'idéal républicain. Le 23 février 1848, Paris se hérisse de barricades, Louis-Philippe prend la fuite et la II^e^ République est proclamée. Hugo, alors représentant du peuple, est élu député à la Constituante. En juin, son appartement cossu est envahi par des émeutiers. Une semaine plus tard, il déménage avec sa famille dans le quartier neuf de la Nouvelle Athènes, entre la gare Saint-Lazare et Montmartre. Victor Hugo ne reviendra jamais place Royale.

En 1849, il est élu député de Paris à l'Assemblée législative. Deux ans plus tard, il s'oppose à l'Empire, et lorsqu'il dénonce le coup d'État du prince Louis Napoléon Bonaparte, il n'a plus qu'une issue pour sauver sa vie : l'exil.
Le 11 décembre 1851, Hugo quitte clandestinement Paris pour Bruxelles avec de faux papiers au nom de « Lanvin » que Juliette lui a procurés. Deux jours plus tard, celle-ci le rejoint avec la malle dans laquelle se trouvent tous les manuscrits des œuvres en cours, dont celui, aux trois quarts terminé, de son plus grand roman : *Les Misérables*.

**La fondation de la Maison de Victor Hugo**

En 1902 – année de la célébration du centenaire de la naissance de Victor Hugo –, Paul Meurice (1818-1905), l'ami de toujours et le coexécuteur testamentaire de l'œuvre littéraire, fait don à la Ville de Paris de son inestimable collection d'œuvres, de manuscrits, de photographies, de meubles, d'éditions, de documents et de souvenirs du grand homme, afin que puisse voir le jour un lieu à sa mémoire, là où il avait séjourné le plus longtemps. (ill. 3)
Journaliste et écrivain, Paul Meurice avait été présenté à Hugo par Auguste Vacquerie en juin 1836. Auteur dramatique prolifique – *Benvenuto Cellini* (1852), *Fanfan la Tulipe* (1858) et *François les bas-bleus* (1863) –, il collabora des années durant avec Alexandre Dumas, dont il a, dit-on, été le « nègre », avant de marier sa plume à celle de George Sand.
Son activité de journaliste commence en 1842 avec un article sur *Le Rhin* de Hugo. En 1848, il est rédacteur en chef et gérant de *L'Événement*, journal inspiré par l'écrivain (dont il partage les idées républicaines). Ses proches collaborateurs sont les fils de ce dernier, Charles et François-Victor, avec lesquels Meurice fondera le journal *Le Rappel* en 1869.
Pendant les quelque dix-neuf années d'exil de Hugo, ce serviteur dévoué joue un rôle déterminant pour la promotion et le rayonnement de l'œuvre de son maître, corrigeant les manuscrits, s'occupant des publications, montant et adaptant au théâtre les drames et les romans, veillant au choix des salles et des acteurs.
Profondément désireux de doter le musée d'une collection reflétant au mieux le génie pluriel du grand homme, il s'attelle, avec une générosité rare, à compléter sa donation d'achats et, épaulé par Arsène Alexandre, à passer des commandes à des artistes contemporains. Certains d'entre eux ont connu Hugo, dont Auguste Rodin qui sculpte

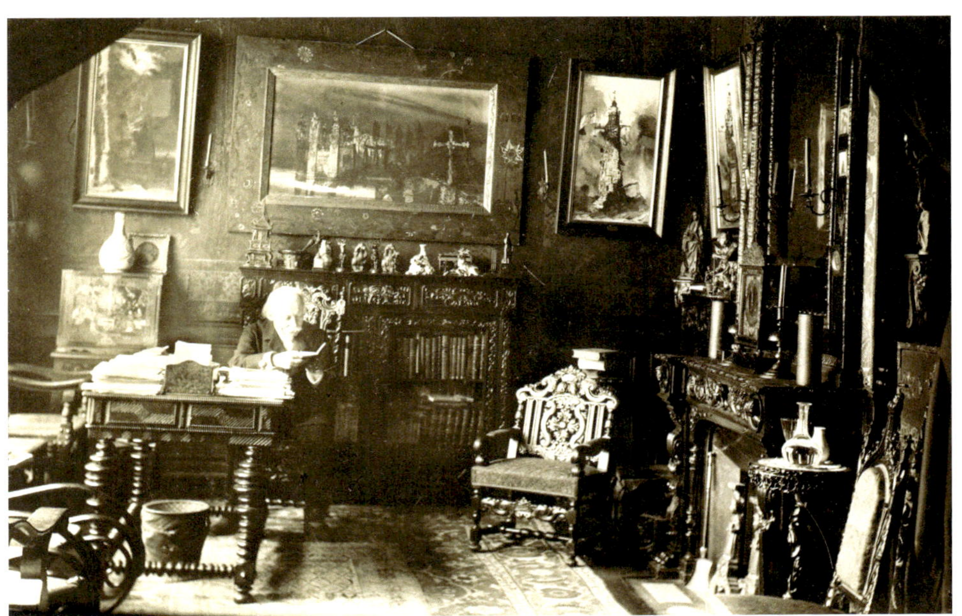

ill. 3
**Anonyme**
*Paul Meurice dans son cabinet de travail rue Fortuny*, vers 1900
Photographie sur papier albuminé
11,4 x 17,1 cm
MVHP-PH-3643

pour la circonstance *Le Buste héroïque*. Parmi les peintres pressentis, Eugène Carrière livre une *Fantine abandonnée*, Léon Bonnat suit l'exécution d'une réplique de son grand *Portrait de Victor Hugo* réalisé en 1879 et conservé aujourd'hui au château de Versailles, Jean-Jacques Henner peint une *Sara la baigneuse* inspirée des *Orientales*, Alfred Steinlen une scène de *La Légende des siècles*, Eugène Grasset un épisode d'*Eviradnus*, et Henry Cros conçoit un bas-relief en pâte de verre, *L'Apothéose de Victor Hugo*. Paul Beuve offre sa collection d'art populaire, et de nombreux autres artistes participent spontanément à cet élan de reconnaissance. Tous ces éléments conjugués permettent l'inauguration de la Maison de Victor Hugo, premier musée monographique littéraire de France, le 30 juin 1903.

### La Maison de Victor Hugo

L'espace dans lequel le musée se déploie va bien au-delà de celui où logeait le poète car il occupe les quatre étages du corps de façade de l'hôtel et une grande partie de son aile droite, le deuxième étage étant devenu en toute logique celui où l'appartement de son illustre locataire allait être reconstitué.

### L'appartement

Comme on peut le voir sur les plans, les lieux ont connu, en plus d'un demi-siècle, quelques modifications. La Ville de Paris ayant installé une école dans l'ensemble de l'hôtel, laquelle occupe toujours une aile du bâtiment, tous les espaces ont été adaptés à ses diverses nécessités. Ainsi, dans l'appartement, les couloirs desservant les pièces ont disparu, tout comme les cloisons des chambres sur cour, de la cuisine, du
ill. 4 « salon des cuirs » et de la salle à manger.

La configuration de l'antichambre (1) n'a pas changé, et l'on retrouve le même sol de marbre noir et de pierre de liais, ainsi que la petite fenêtre d'angle donnant sur la place. En revanche, il y avait à l'emplacement de l'actuel salon rouge deux pièces séparées par un petit couloir : côté cour, une salle à manger (3) (devenue par la suite la chambre de M^me^ Hugo), et côté place, un salon dit « salon des cuirs » (2) car ses murs en étaient tapissés. Le salon rouge (4) se trouvait dans l'actuel salon chinois et les pièces ouvrant sur la cour de l'aile droite du bâtiment étaient des chambres ou des cabinets. On ne sait avec certitude si le cabinet de travail de l'écrivain était situé avant ou après sa chambre (10). Un long corridor desservait ces pièces que poêles et cheminées permettaient de chauffer.

Les boîtes d'archives du musée conservent le mémoire de Guigon, chargé de l'entretien de l'appartement, les comptes de Victor et d'Adèle, de même que les factures de leurs fournisseurs, celles des travaux de peinture, menuiserie, tapisserie et serrurerie, voire les notes du fumiste et du plombier. À travers le nombre d'œuvres et d'objets, de tapis, de tentures et de tapisseries auxquels ils renvoient, ces documents fournissent des indications sur le cadre et le train de vie des Hugo, tout comme ils témoignent d'un goût marqué pour le mobilier médiéval et pour une certaine grandiloquence décorative.

Les meubles qui garnissaient l'appartement, d'abord déménagés en 1848 par Hugo et sa famille au 5, rue de l'Isly, puis au 37, rue de la Tour-d'Auvergne, ont pris pour la plupart le chemin de l'exil en 1851. En 1852, redoutant d'éventuelles confiscations de ses biens, le proscrit, alors en Belgique, charge sa femme Adèle et le fidèle Paul Meurice d'organiser une vente aux enchères dans leur appartement de la rue de la Tour-d'Auvergne.

« Cette triste vente », selon l'ami Gautier, se tient les 6 et 7 juin, et Meurice met un point d'honneur à se porter acquéreur de quelques meubles, ainsi que d'œuvres d'art, dont l'exceptionnel grand lavis *Le Burg à la croix*, chef-d'œuvre incontesté de l'écrivain/dessinateur qui constitue aujourd'hui le joyau du fonds graphique du musée.

Les divers avatars des lieux et de son mobilier ne pouvaient permettre une restitution exacte de cet appartement. Il s'agit donc, depuis le temps heureux des Feuillantines et de son inoubliable jardin, « grand, profond, mystérieux », jusqu'à ce funeste dernier « combat du jour et de la nuit » du 22 mai 1885 où Victor Hugo entre dans l'immortalité, d'aller à la rencontre de son destin en respectant la chronologie des trois actes de sa vie tels qu'il les a distingués dans *Actes et paroles* (1876) : « Avant l'exil », « Pendant l'exil », « Depuis l'exil ».

Seul le salon aux murs tendus de damas rouge, aux lourds doubles rideaux de soie, aux consoles de marbre et de bois doré, et au miroir de Venise, met en scène le cadre de vie de la famille Hugo place Royale. Son décor bourgeois rend assez fidèlement l'ambiance des soirées dont Théodore de Banville a vanté les fastes. À sa suite, deux salles rendent hommage aux talents de décorateur souvent mal connus du proscrit, grâce à la présentation d'un salon chinois et d'une salle à manger d'inspiration médiévale provenant de la demeure de Juliette à Guernesey, Hauteville Fairy. Ces deux pièces, remontées en 1903 grâce à une négociation entre Louis Koch, neveu de Juliette Drouet, et Paul Meurice, permettent de se représenter un peu cet autre décor entièrement ordonné par Hugo chez lui, à Hauteville House, seule maison qu'il ait jamais acquise, et que les descendants de l'écrivain ont donnée en 1927 à la Ville de Paris pour le centenaire du romantisme.

Puis, un salon de réception évoque le retour du grand homme à Paris, en 1870, et plus particulièrement ici, le salon de l'avenue de Clichy où Hugo séjourna de 1874 à 1878. Il a alors connu « la fracture suprême » de la mort de ses deux fils – Charles en 1871 et François-Victor en 1873 –, sa femme Adèle ayant, quant à elle, disparu en 1868. Dans ce salon, le sénateur Hugo, celui en lequel on voit le père de la République, réunit des écrivains et des politiciens : Victor Schœlcher, Jules Simon, Louis Blanc, Léon Gambetta…

ill. 5

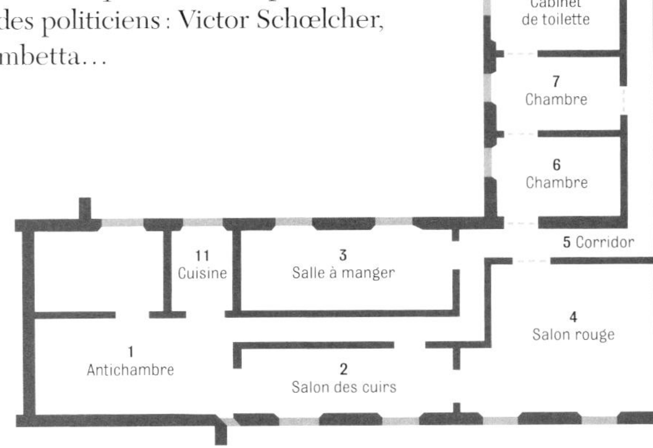


**ill. 4**
Plan de l'appartement
à l'époque
de Victor Hugo

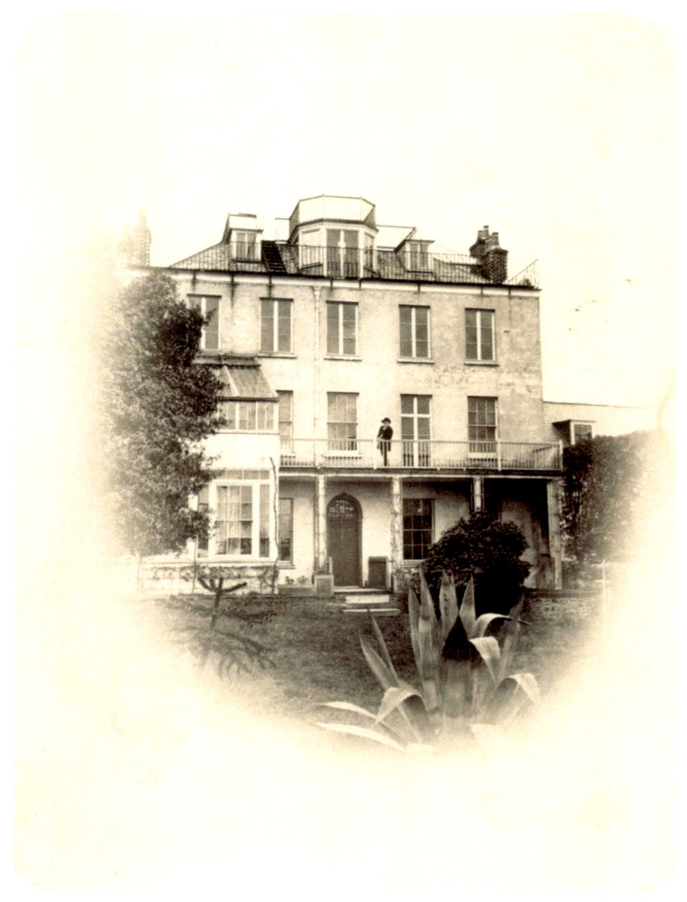

ill. 5
**Arsène Garnier (1820-1900)**
*Victor Hugo sur le balcon du premier étage à Hauteville House*, 1868
Photographie sur papier albuminé
16,8 x 12,5 cm
MVHP-PH-3713

La visite s'achève avec la chambre où le 22 mai 1885, avenue d'Eylau devenue avenue Victor-Hugo, l'homme s'efface derrière le mythe. Cette pièce, comme l'attestent les gravures présentées, a pu être reconstituée très fidèlement pour l'inauguration du musée grâce à la donation de l'ensemble du mobilier qui la composait par les petits-enfants de l'écrivain, Georges et Jeanne. Au-delà de la charge émotionnelle dont elle reste empreinte, elle donne un sens aux mots d'Eugène de Mirecourt : « Victor Hugo est le premier qui nous ait rendu le goût des beaux ameublements historiques. »

**La collection**

Mais la richesse du musée, comme nous le verrons à travers les différentes études de ce guide, ne se limite pas à l'appartement. À côté des meubles et des peintures, des sculptures et des objets d'art qui le décorent, la Maison de Victor Hugo possède un fonds permanent important et très varié, que des acquisitions viennent chaque année étoffer.

Certes, les quelque sept cents dessins du visionnaire en constituent le fleuron, mais ceux-ci ne doivent pas occulter les milliers de manuscrits, d'estampes, de photographies anciennes et modernes, auxquels s'ajoutent des portraits-charges, des affiches, des objets d'art populaire, des costumes et, bien sûr, des peintures et des sculptures célébrant Victor Hugo et son œuvre, sans compter toutes les éditions originales et les livres précieux qui s'ouvrent pour les chercheurs dans une bibliothèque spécialisée.

Différents ensembles de cette importante collection sont présentés par roulement au premier étage du musée, dans un espace d'une surface équivalente à celle de l'appartement. C'est là également que se tiennent chaque année des expositions temporaires, toujours conçues autour de l'œuvre de Victor Hugo, et le plus souvent de sa production graphique, dont elles disent la diversité et l'étonnante modernité. Ces manifestations permettent aussi de déceler les liens, parfois secrets, que l'auteur a su tisser entre l'écriture et ses autres formes d'expression.

Danielle Molinari
conservatrice générale du Patrimoine
directrice de la Maison de Victor Hugo et de Hauteville House

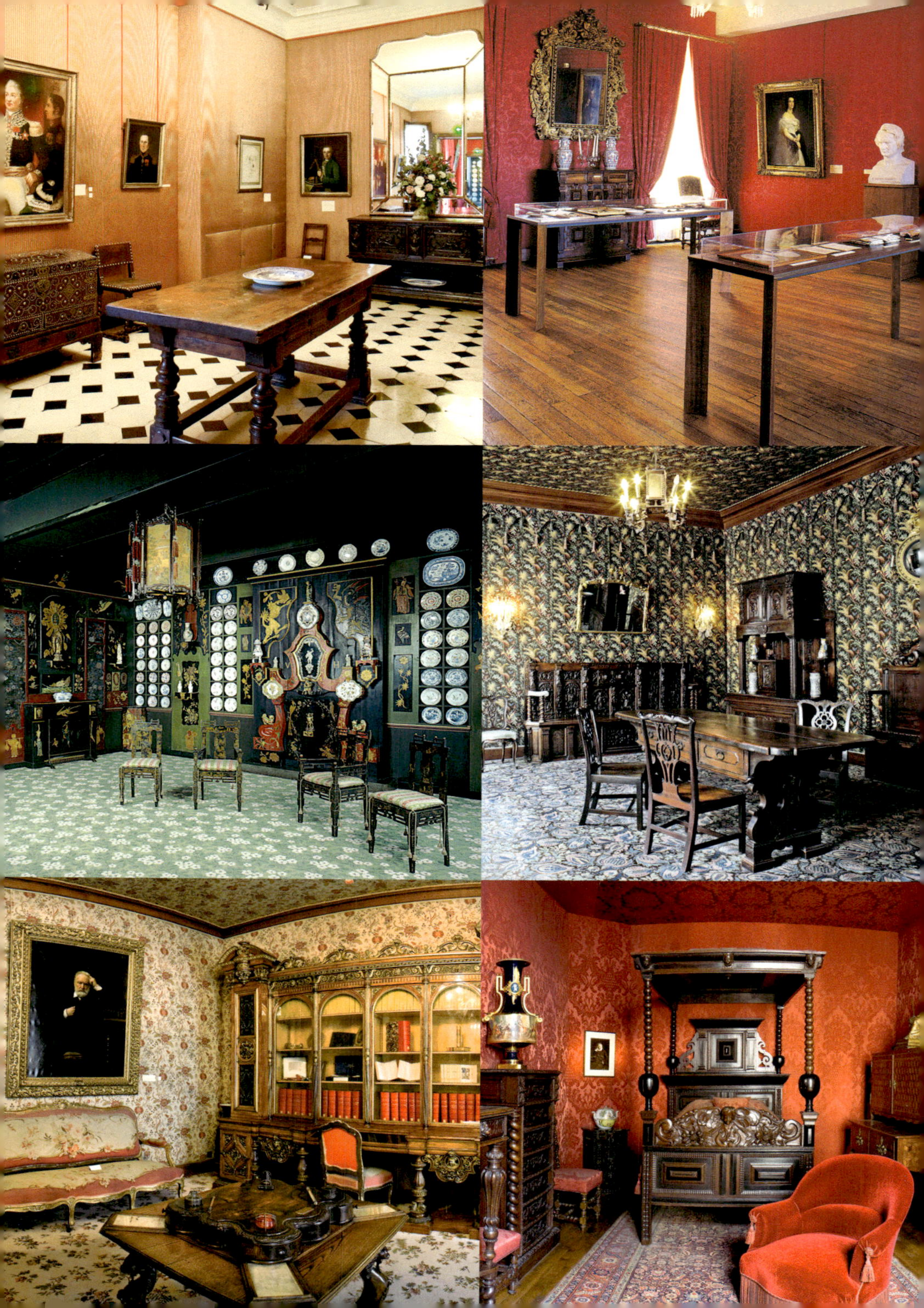

# L'appartement

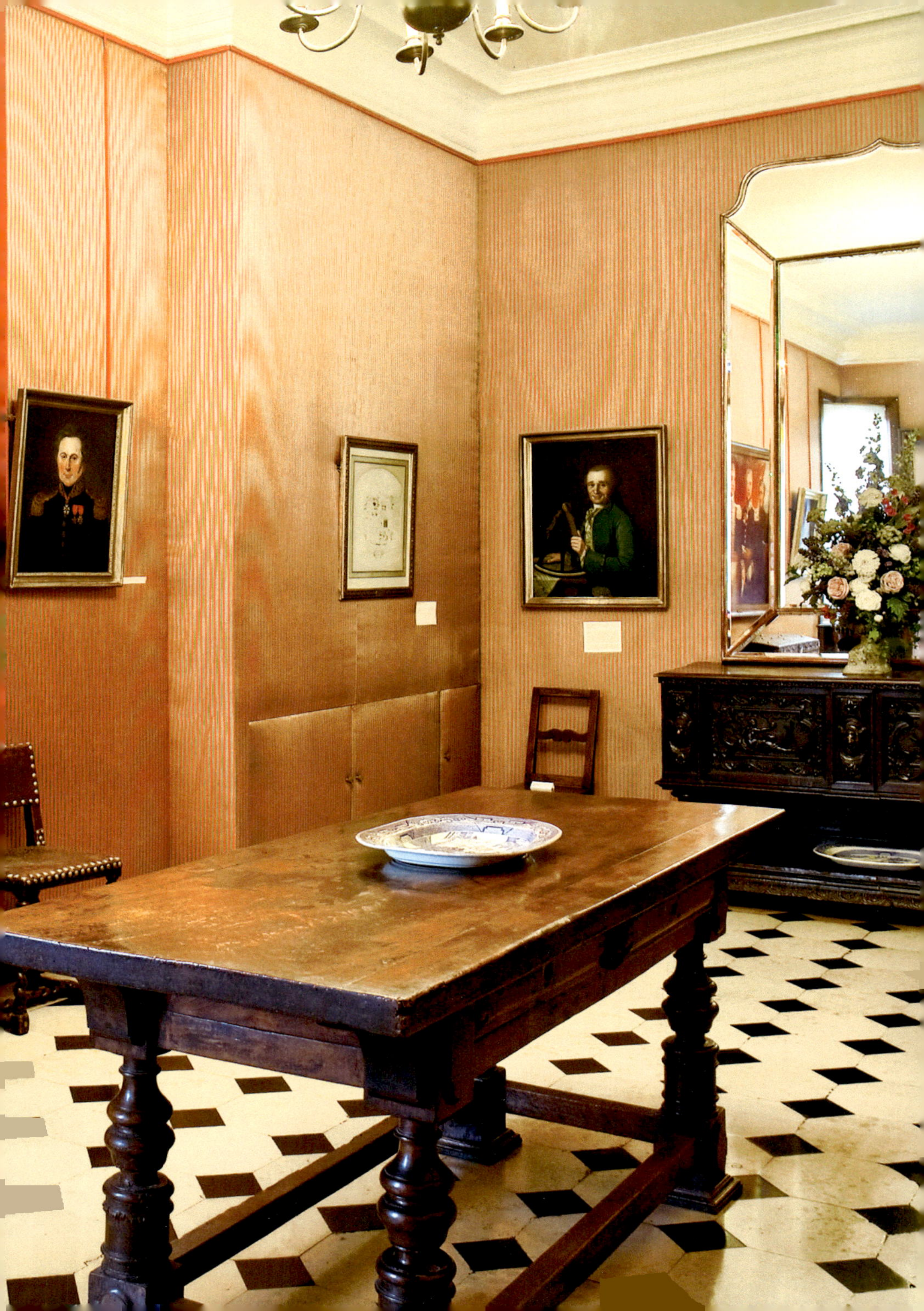

# L'antichambre

**« Toute la littérature, toute l'éloquence, toute la politique ont défilé là... »**

Louis Ulbach, *Nos contemporains*, Paris, 1883

ill.6
Vue de l'antichambre

Cette première salle que l'on dénomme toujours « antichambre » réunit des toiles et des dessins des frères Devéria et de Louis Boulanger qui rappellent les jours de l'intimité heureuse, avant que le poète et les siens n'élisent domicile place Royale. Ils sont autant de souvenirs de la famille, des premières années, de la jeunesse et du mariage de Victor Hugo, et évoquent certains épisodes d'une enfance et d'une adolescence écartelées entre « mon père vieux soldat, ma mère vendéenne ». Le roman familial de l'écrivain s'ouvre avec les deux portraits anonymes des grands-parents maternels, originaires du pays nantais : Renée-Louise, née Le Normand du Buisson (1748-1780), et son époux Jean-François Trébuchet (1731-1783), capitaine au long cours que nous voyons représenté l'octant à la main. Lorsqu'il meurt au cours d'une expédition, sa fille Sophie Trébuchet, orpheline de onze ans, est confiée à la garde de sa tante, fervente royaliste. Au début de 1794, en pleine chouannerie, les deux femmes se réfugient à Chateaubriand, dans le domaine familial.

C'est là que Sophie fait la connaissance de Léopold Hugo. Né en 1773 à Nancy, ce fils de maître-menuisier s'est engagé dans l'armée du Rhin dès la proclamation de la République. Dépêché par la Convention pour mater l'insurrection vendéenne, Léopold n'en est pas moins séduit par cette « Bretonne de vieille roche ». Ils se marient civilement à Paris en 1797. Un an après naît Abel. Sophie suit son mari en garnison à Nancy, où elle donne naissance à Eugène en 1800, puis à Besançon, où Victor voit le jour, le 26 février 1802. ill. 7 et 8

Très vite, les tempéraments des deux époux se révèlent incompatibles. Dès le début de 1804, Sophie s'installe à Paris avec ses trois fils. Entré dans l'entourage de Joseph Bonaparte, Léopold Hugo participe à la conquête du royaume de Naples en 1806 et à l'écrasement des natio-

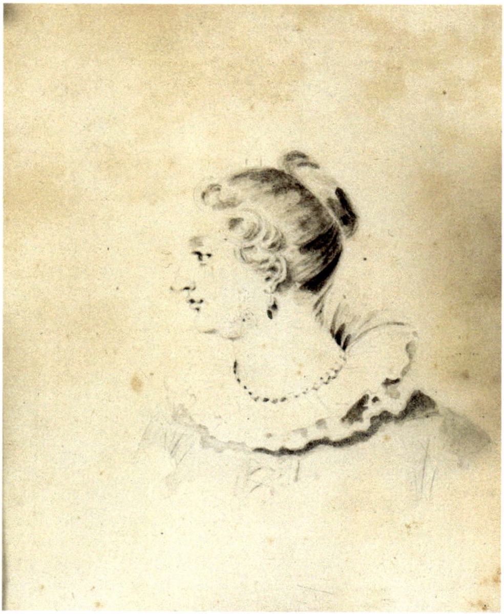

ill. 7
**Anonyme**
*Sophie Trébuchet*
Sépia sur papier
14,5 x 11 cm
MVHP-D-594

nalistes. Dans l'espoir d'un rapprochement, sa femme et ses enfants le rejoignent à Naples en 1807, mais la tentative de réconciliation
ill. 9 échoue. Sophie regagne Paris, s'installe aux Feuillantines, espace de paix et de liberté dont l'écrivain gardera toute sa vie la nostalgie.

Voué à la répression des insurrections nationales, Léopold Hugo vole au secours de Joseph Bonaparte, monté sur le trône d'Espagne mais débordé par le soulèvement de son nouveau royaume. Secondé par ses deux frères, Léopold remporte de 1809 à 1812 contre les chefs de la guérilla d'incertaines victoires qui lui valent de devenir général et comte de Siguënza. Un dessin de la main de Victor Hugo représente les armes de la famille : on y retrouve, à côté de celles de Léopold, celles de la famille Hugo de Lorraine dont le poète prétendait descendre. Soucieuse de faire valoir ses droits, Sophie part pour Madrid en juin 1811 avec ses trois fils. Victor Hugo ne devait jamais oublier les images d'une Espagne en proie au « soleil noir » de la guerre. En 1812, les « parents terribles » se séparent après un jugement sans appel du roi Joseph. Mais le divorce ne sera prononcé qu'en 1818 et la lutte conjugale se poursuit âprement à Paris. Pour soustraire les cadets à l'influence maternelle, Léopold les inscrit à la pension Cordier, en février 1815. Victor y fait ses premières armes littéraires avec

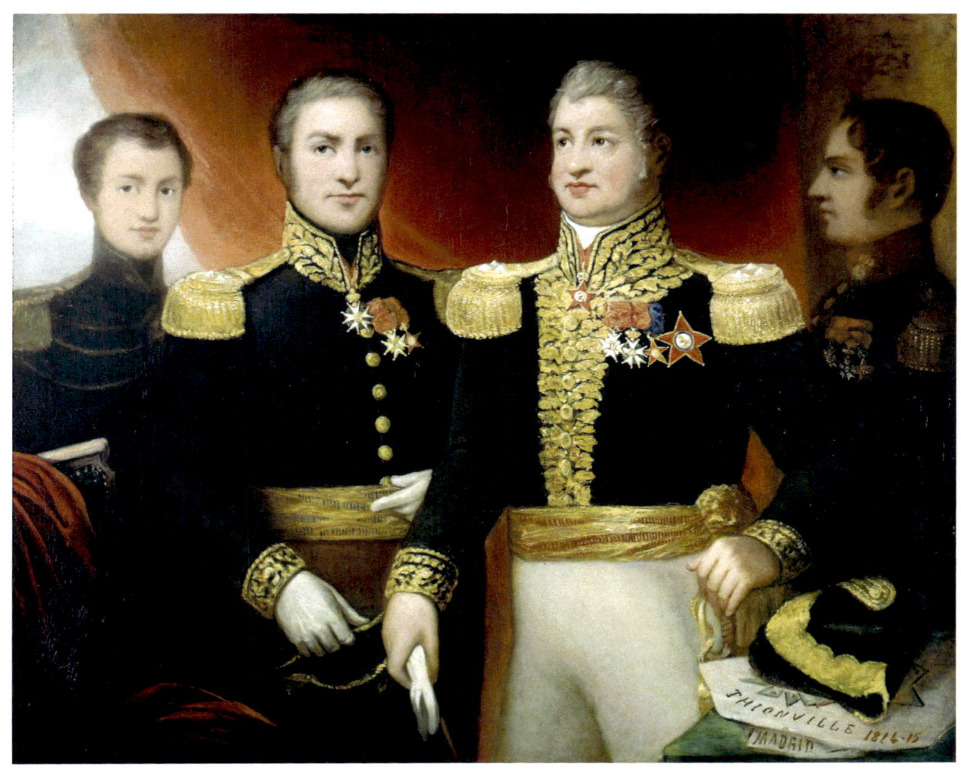


ill. 8
**Julie Duvidal de Montferrier (1797-1865)**
*Le Général Hugo avec deux de ses frères et son fils Abel*, vers 1815
Huile sur toile
118 x 143 cm
MVHP-P-263

Sous le pinceau de l'épouse d'Abel Hugo, voici le tableau des gloires martiales du « clan Hugo ». En tenue de général de division, Léopold Hugo est entouré de ses frères, Louis, major général, et François, major d'infanterie ; à l'arrière-plan, on reconnaît son fils Abel, sous l'uniforme de page du roi d'Espagne.
On entraperçoit sur la droite des plans qui témoignent des états de service du général Hugo à Madrid, de 1808 à 1813, puis à Thionville où, fidèle à Napoléon, il défend courageusement la ville contre les Prussiens et les Russes pendant les Cent Jours.
Ce portrait de famille participe de la légende que Victor Hugo allait bâtir autour de « mon père, ce héros au sourire si doux ». La composition magnifie la stature du général d'Empire et comte de Siguënza, mais ne laisse rien soupçonner de la débâcle de cette guerre d'Espagne à laquelle le héros doit son éclatante ascension. Rien non plus de la chute de l'Empire qui va de pair avec la déroute familiale.

Eugène pour principal rival. Cette concurrence se fait plus vive encore lorsqu'en 1820 Victor avoue sa passion pour leur amie d'enfance Adèle, la fille de Pierre Foucher, originaire de Nantes comme Sophie et lié de longue date à Léopold Hugo.

La mort de Sophie Hugo et le remariage de Léopold en 1821, l'aggravation de la maladie mentale d'Eugène – finalement interné à Charenton en 1823 – sont les ultimes ruptures de la jeunesse. La carrière littéraire s'amorce avec la parution en juin 1822 des *Odes et poésies diverses*, qui valent une pension de la Maison du Roi à leur jeune auteur.

Le 12 octobre 1822, Victor épouse Adèle à l'église Saint-Sulpice. Alfred de Vigny est son témoin. En juin 1824, le jeune couple s'installe rue de Vaugirard, où naissent Léopoldine la même année et Charles en 1826. En avril 1827, ils déménagent pour la maison de la rue Notre-Dame-des-Champs, où Adèle donne le jour à Victor (François-Victor) en 1828. Un dessin de Jean Corabeuf conserve le souvenir de cette demeure fréquentée par Sainte-Beuve, Eugène et Achille Devéria et Louis Boulanger, venus en voisins. Congédiés par le propriétaire à la suite de l'agitation provoquée par les représentations d'*Hernani*, les Hugo emménagent rue Jean-Goujon en 1830. Adèle naît quelque temps après.

J. G.

---

**À son retour d'Italie en 1809, Sophie Hugo emménage aux Feuillantines, dans la dépendance d'un ancien couvent cistercien, près du Val-de-Grâce. Pour la première fois, Victor et ses frères coulent des jours heureux, entre les leçons de latin de M. de La Rivière, les livres dévorés en liberté, les jeux avec la petite Adèle Foucher. Dans la chapelle désaffectée, au fond d'une allée, Sophie donne asile au parrain de Victor, le colonel Fanneau de Lahorie, traqué par la police impériale depuis qu'il est passé dans l'opposition royaliste. Arrêté en décembre 1810, il est fusillé en 1812. Qui dira l'influence de cette figure virile et tutélaire sur l'imagination du jeune Victor ? Les travaux haussmanniens ont eu raison des vertes Feuillantines, mais des *Rayons et les Ombres* à *La Légende des siècles*, comme à certains chapitres des *Misérables*, leur souvenir éclaire bien des pages.**

---

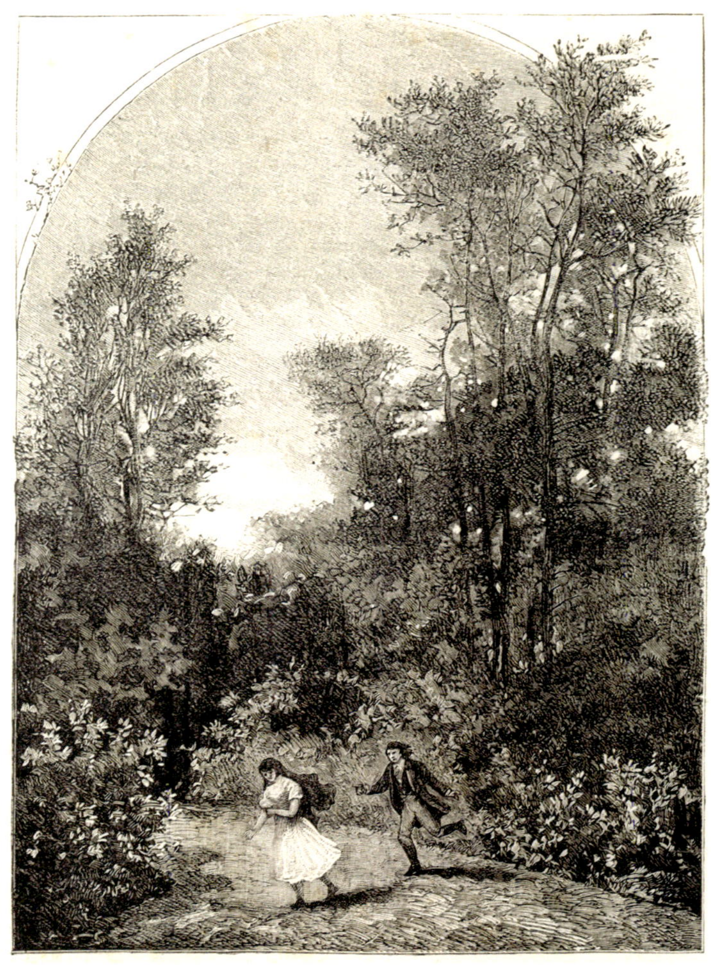

ill. 9
**Louis Fortuné Méaulle (1844-?)**
*Le Jardin des Feuillantines*
Gravure
16,4 x 11,8 cm
MVHP-E-2009.0.54

*« J'eus dans ma blonde enfance, hélas ! trop éphémère ?*
*Trois maîtres : un jardin, un vieux prêtre et ma mère.*
*Le jardin était grand, profond, mystérieux,*
*[...]*
*Le prêtre, tout nourri de Tacite et d'Homère,*
*Était un doux vieillard. Ma mère – était ma mère ! »*

Victor Hugo, *Les Rayons et les Ombres*, 1840

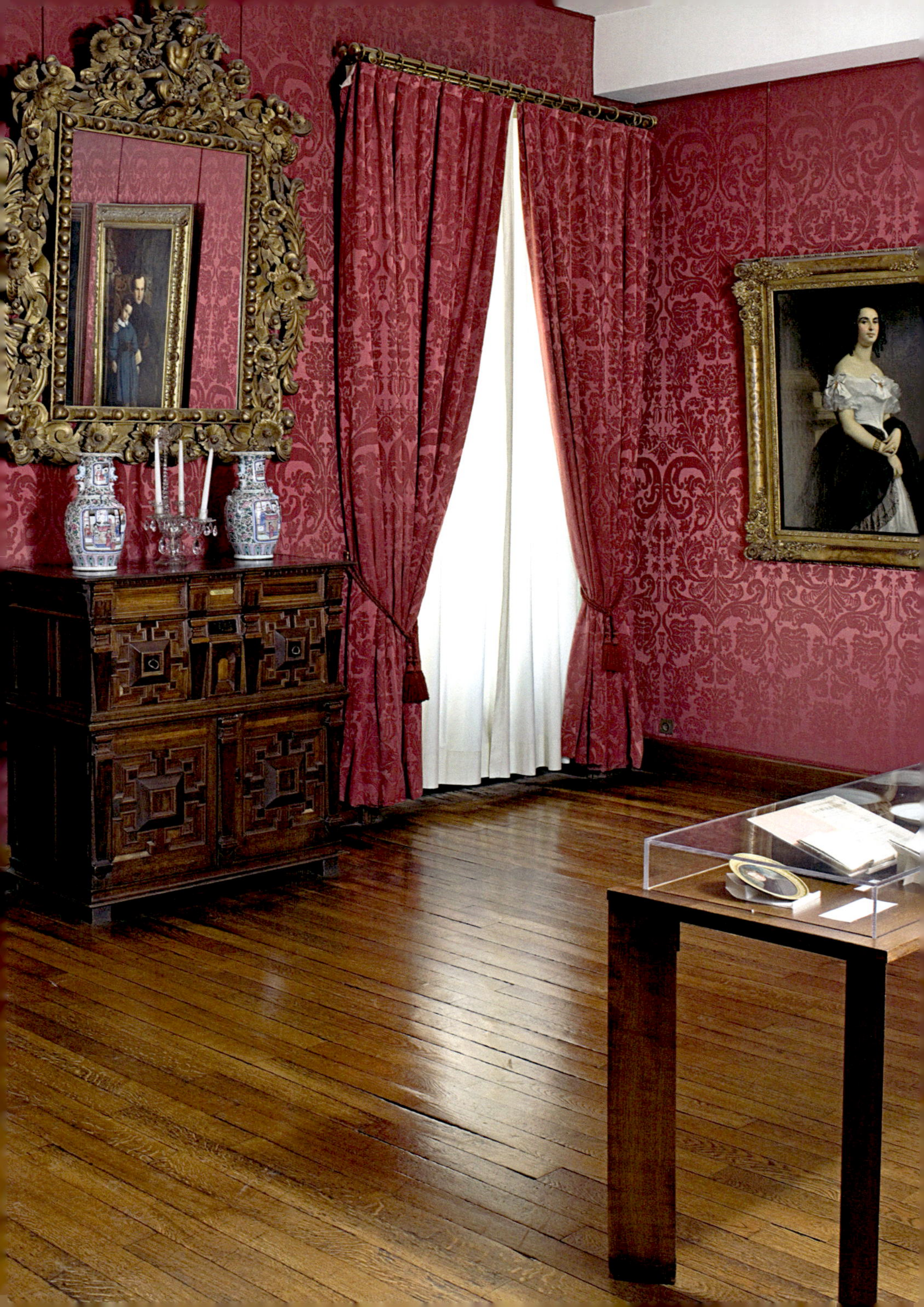

# Le salon rouge

**« En été surtout, c'était ravissant [...] le parfum des fleurs et des feuillages entrait par les fenêtres et la soirée avait lieu sur la place Royale en même temps que dans les salons... »**

Théodore de Banville, *Mes souvenirs*, Paris, 1882

ill. 10
Vue du salon rouge

De toutes les pièces de l'appartement, le salon rouge est sans doute celle qui évoque le plus éloquemment la présence de son illustre habitant. Le miroir de Venise réfléchit encore le souvenir des soirées de la place Royale. On y croisait toutes les célébrités de la monarchie de Juillet: Théophile Gautier, Honoré de Balzac, Alfred de Vigny, Gérard de Nerval, Alphonse de Lamartine, Hector Berlioz, Franz Liszt, les frères Devéria, Théodore Chassériau, Delphine de Girardin, le jeune poète Auguste Vacquerie et son condisciple, Paul Meurice...

Au cours de cette période faste, Hugo publie les recueils de poèmes *Les Chants du crépuscule*, *Les Voix intérieures*, *Les Rayons et les Ombres* ; il écrit et met en scène *Lucrèce Borgia*, *Marie Tudor*, *Angelo, tyran de Padoue*, *Ruy Blas* et *Les Burgraves*. C'est également place Royale qu'il met en chantier *Les Misérables*, *La Légende des siècles* et *Les Contemplations*, achevés des années plus tard, en exil.

Fidèle parmi les fidèles, Louis Boulanger est le grand peintre de la maison. Sur les tentures de damas rouge, son effigie d'Adèle Hugo se détache en majesté. *Victor Hugo et son fils Victor*, qui lui fait pendant, est dû au pinceau d'un autre familier, Auguste de Châtillon. Quant au buste du poète, sculpté par son ami David d'Angers, une place de choix lui est réservée.

ill. 12

ill. 11

« Elle était pâle et pourtant rose... » L'ombre de Léopoldine, l'enfant aînée, la préférée, hante le salon rouge. Chacun sait la disparition brutale de la jeune femme qui se noie dans la Seine, le 4 septembre 1843, près de Villequier, avec son mari, Charles Vacquerie. Elle avait dix-

**Lié à David d'Angers depuis 1827, Hugo lui dédie un poème des *Feuilles d'automne* daté du 28 juillet 1828, un autre des *Rayons et des Ombres* daté de 1840. De son côté, l'artiste offre au poète ce buste en marbre, dédicacé et daté de 1838. Après avoir exécuté une première version qui le laisse insatisfait, le sculpteur retravaille l'œuvre, substitue au costume contemporain l'expressivité d'une nudité héroïque et magnifie les proportions : toute la passion du romantisme se révèle dans ce front colossal, habité du souffle de l'Inspiration. « Sous une forme magnifique, mon ami, c'est l'immortalité que vous m'envoyez ; une pareille dette est de celles dont on ne s'acquitte jamais ; j'essaierai cependant, non pas de la payer, mais de la reconnaître. »**

Lettre de Victor Hugo à David d'Angers, 21 mai 1838

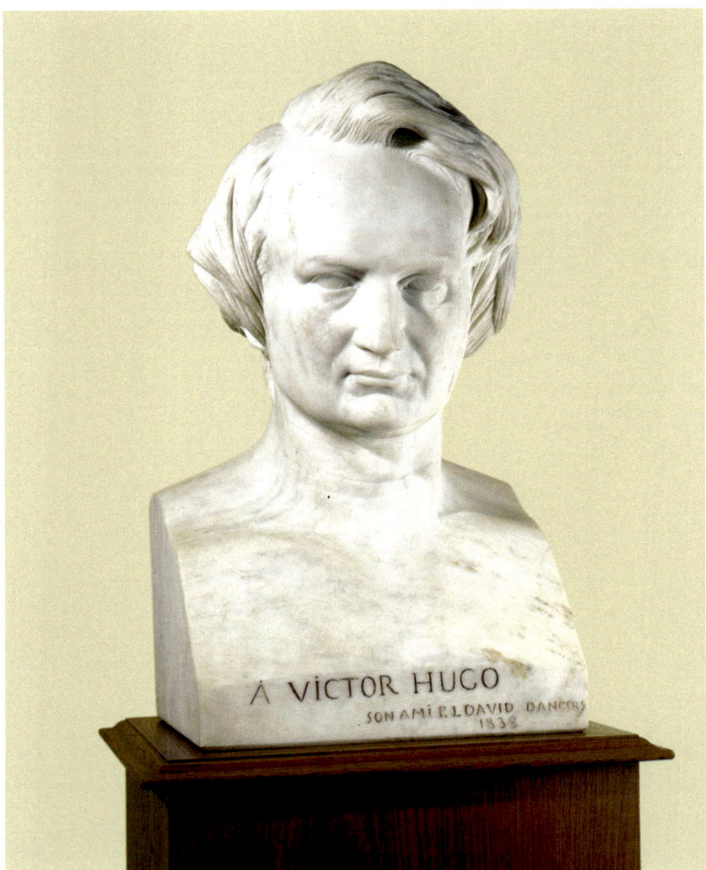


ill. 11
**David d'Angers**
**(1788-1856)**
*Buste de Victor Hugo*,
1838
Marbre blanc
76 x 43 x 35 cm
MVHP-S-1456/82

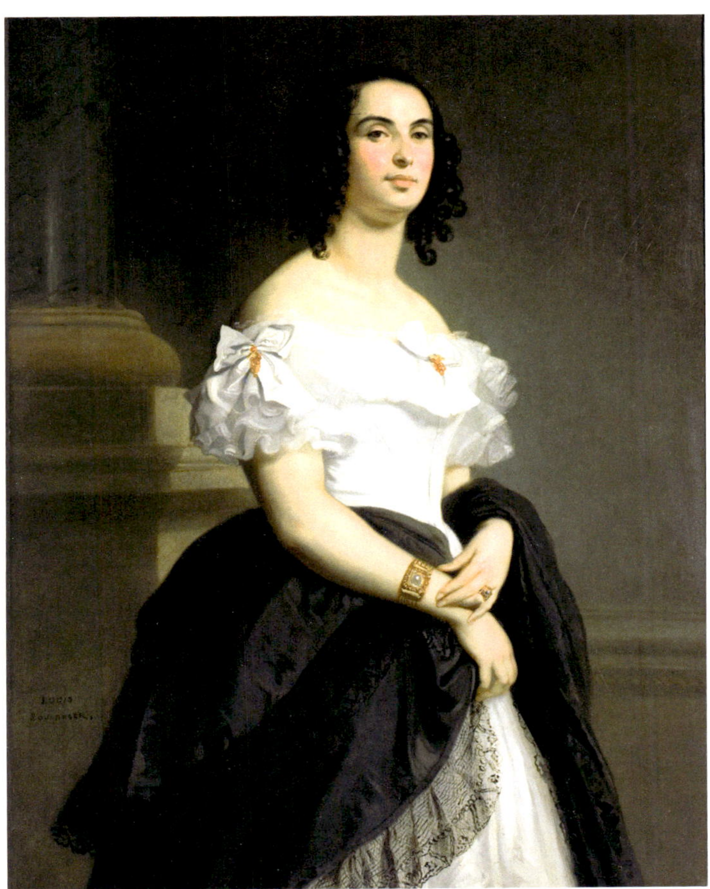

ill. 12
**Louis Boulanger (1806-1867)**
*Portrait de M$^{me}$ Victor Hugo*, 1839
Huile sur toile
116 x 90 cm
MVHP-P-214

La toile s'inscrit dans la haute tradition du portrait d'apparat, nuancé pourtant d'intériorité. Les reflets moirés de l'étole de taffetas noir et l'harmonie un peu froide de la robe de satin blanc font d'autant mieux ressortir la luminosité de la carnation. Aristocratie du décor, beauté altière du modèle, gravité du sourire : Boulanger tend un miroir idéal à l'épouse qui a été aussi la première muse de Hugo. Les vers d'amour du cinquième acte d'*Hernani* lui appartiennent, tout comme certains poèmes des *Feuilles d'automne* ou des *Odes*, parmi lesquelles on compte la célèbre pièce « Encore à toi » :
« Quand ton œil noir et doux me parle et me contemple,
Quand ta robe m'effleure avec un léger bruit,
Je crois avoir touché quelque voile du temple,
Je dis comme Tobie : *Un ange est dans ma nuit* ! »

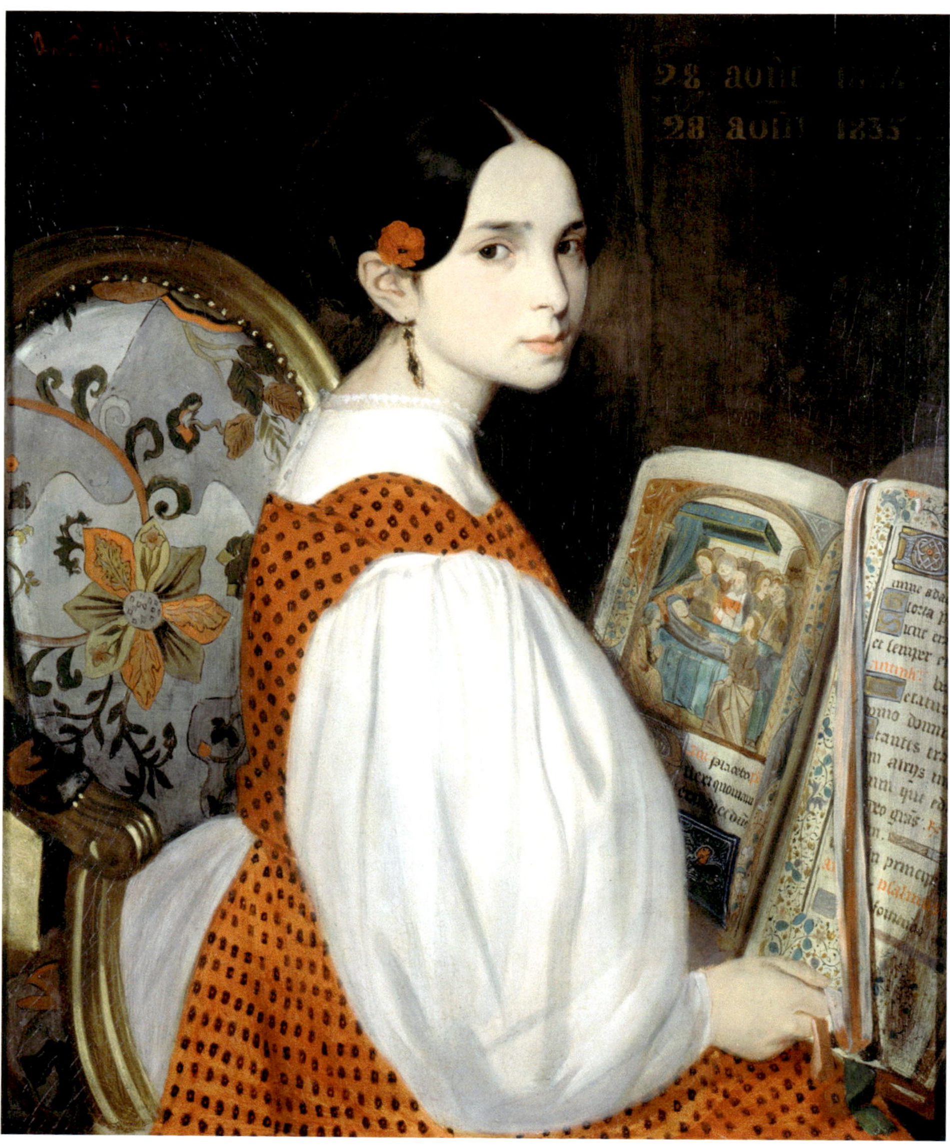

neuf ans. La douleur de Victor Hugo est immense et réverbère sur l'œuvre poétique une clarté tragique : « C'est une âme qui se raconte dans ces deux volumes. Autrefois, aujourd'hui. Un abîme les sépare, le tombeau » (préface des *Contemplations*).
Tous les souvenirs de la jeune fille présentés ici – le rond de serviette marqué « Didine », le porte-aiguilles en velours brodé, la boîte à onguents, les gants de peau… – prennent un caractère de reliques. Victor Hugo avait encadré lui-même, d'un velours rouge à décor clouté, le dessin de Mme Hugo représentant *Léopoldine lisant* (1837) ; à côté du petit échantillon de la robe que l'on retrouve sur le portrait d'Auguste Châtillon, le poète écrivit : « Robe de Didine. 1834. V. H. », ill. 13
avec deux vers des *Contemplations* (Livre IV, VI) en guise d'épitaphe :
« Oh ! la belle petite robe
Qu'elle avait, vous rappelez-vous ? »

Bien qu'elle n'ait jamais été conviée officiellement place Royale, Juliette Drouet a aujourd'hui sa place au salon rouge. Un portrait de Champmartin la représente dans tout l'éclat et la fraîcheur de la jeu- ill. 14
nesse. « Si mon nom vit, votre nom vivra… » Le nom de la bien-aimée est désormais inséparable de celui de Victor Hugo.

J. G.

---

**De tous les souvenirs pieux de Léopoldine, ce tableau qui accompagne Hugo durant les années d'exil est peut-être le plus précieux. En haut à droite, deux dates : celle de la naissance de Léopoldine, le 28 août 1824, et celle du 28 août 1835, jour anniversaire où Châtillon acheva sa toile et l'offrit à la famille du jeune modèle.**
**À la différence du portrait de *Victor Hugo et son fils Victor*, où ce dernier est encadré et protégé par la haute stature de la figure paternelle, la fille aînée est représentée dans la solitude d'une intimité pensive. Plongée dans la lecture d'un livre d'heures, ouvert à la page richement enluminée d'une Dormition de la Vierge, l'enfant relève la tête. Et le regard limpide et noir semble moins tourné vers le spectateur que pénétré d'une gravité tout intérieure :**
**« Le ciel mettait dans sa prunelle**
**Ce regard qui jamais ne ment. »**
Victor Hugo, *Les Contemplations*, Livre IV, VI

**ill. 13**
**Auguste de Châtillon (1813-1881)**
*Léopoldine au livre d'heures*, vers 1835
Huile sur toile
73 x 60 cm
MVHP-P-768

---

**ill. 14**
**Charles-Émile Callande de Champmartin (1797-1883)**
*Juliette Drouet en femme de Smyrne,*
vers 1827
Huile sur toile
44 x 37 cm
MVHP-P-197

**Condisciple et ami d'Eugène Delacroix, Champmartin est un portraitiste en vogue. Les teintes nacrées de cette peinture doivent beaucoup à la révélation des coloristes anglais. La mode de l'Orient ajoute encore au piquant de cette odalisque parisienne et... libre, car elle vient de quitter le sculpteur James Pradier dont elle a été le modèle et la maîtresse. L'année qui suit ce portrait, Juliette décide de se faire un nom et monte sur les planches. En février 1833, le Théâtre de la Porte-Saint-Martin donne *Lucrèce Borgia*, le nouveau drame de Victor Hugo. M^lle^ Juliette est gratifiée de neuf répliques – celles de la princesse Negroni, au dernier acte.**

**Dans la nuit du 16 au 17 février, la jeune actrice fait la conquête du dramaturge...**
**« Viens me chercher ce soir chez Mme K.**
**Je t'aimerai jusque-là pour prendre patience – et ce soir**
**oh ! ce soir ce sera tout !**
**Je me donnerai à toi toute entière.**
**J. »**
Billet de Juliette Drouet à Victor Hugo, 16-17 février 1833

**Cinquante années de passion dévorante et quelque vingt mille lettres d'amour, adressées à « mon Victor, mon Dieu, mon poète, ma religion, ma foi », ont forgé la légende de celle qui fut, tour à tour, l'amante et la muse, la maîtresse de l'ombre, la « proscrite du dévouement », puis la dernière gardienne du foyer.**

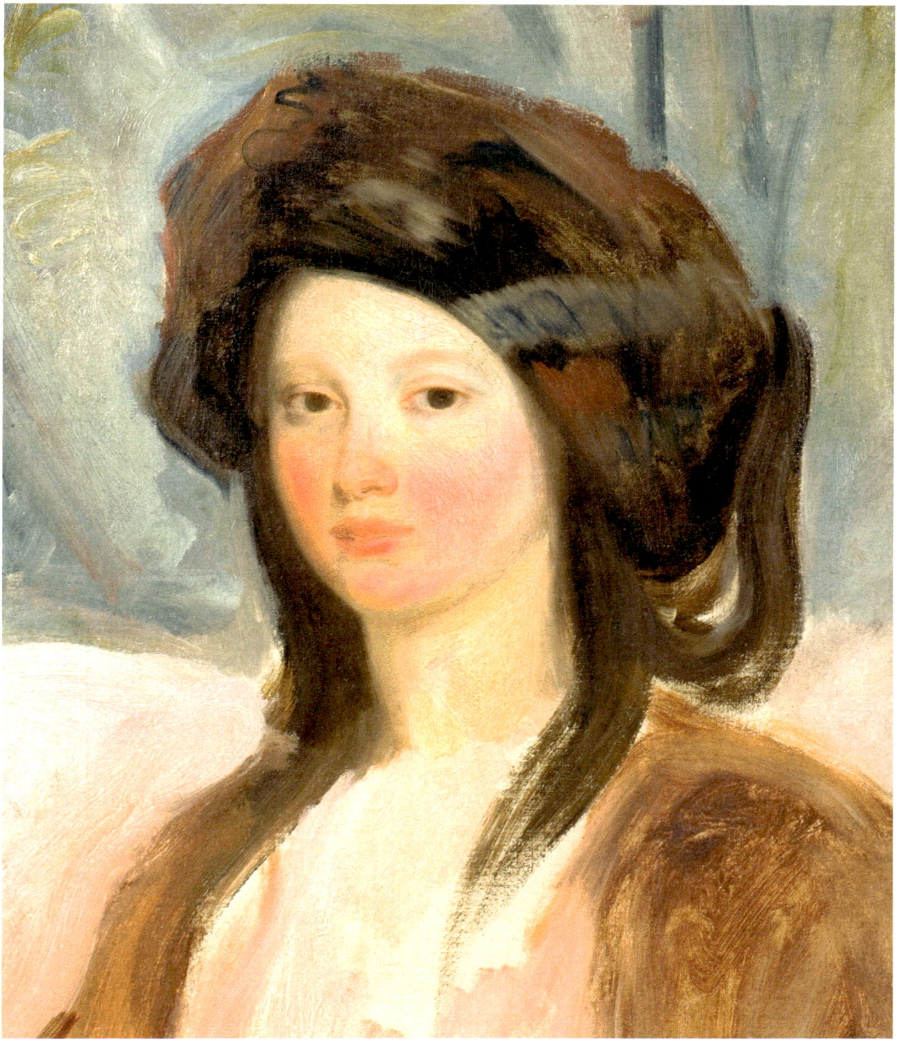

# *Pendant l'exil*

**« J'accepte l'âpre exil, n'eût-il ni fin ni terme ;
[…] Et s'il n'en reste qu'un, je serai celui-là ! »**
Victor Hugo, *Les Châtiments*, Livre VII, XIV, « *Ultima Verba* »

**ill. 15**
**Charles Hugo (1826-1871)**
***Atelier de Jersey***
*Victor Hugo sur le rocher des Proscrits*, 1853
Photographie sur papier salé
21,2 x 18 cm
MVHP-PH-2119

Le 23 février 1848, Paris se couvre de barricades. Le 24, Louis-Philippe abdique en faveur de son petit-fils. Hugo soutient la régence de la duchesse d'Orléans, tente de rallier la foule place de la Bastille. Le même jour, Lamartine, membre du gouvernement provisoire, rédige la proclamation de la République. Tout à la fois acteur et témoin, Hugo retranscrit fidèlement ses impressions dans *Choses vues*.
Gagné à la cause républicaine, le poète est élu député de Paris le 4 juin 1848. Le 24 du même mois, la suppression des ateliers nationaux déclenche une véritable guerre des rues. L'un des soixante représentants dépêchés par l'Assemblée pour rétablir l'ordre, Hugo subit les représailles des insurgés qui envahissent son appartement. La famille Hugo quitte la place Royale, après seize années de séjour. En mai 1849, elle prend ses quartiers au 37 (aujourd'hui 39) rue de la Tour-d'Auvergne, au premier étage d'un hôtel entre cour et jardin.

Contraint à l'exil par le coup d'État du 2 décembre 1851, le poète quitte clandestinement Paris pour Bruxelles, le 11 décembre 1851. La parution du réquisitoire *Napoléon-le-Petit* le rend indésirable et, le 1er août 1852, il embarque pour Londres, gagne d'abord Jersey où il séjourne trois ans, avant de s'installer en octobre 1855 à Guernesey, « rocher d'hospitalité et de liberté ». Pour Hugo qui n'avait rien publié depuis 1843, l'exil ouvre « le temps de la contemplation », des grands cycles poétiques, des romans épopées et des plus belles audaces graphiques.

ill. 15

J. G.

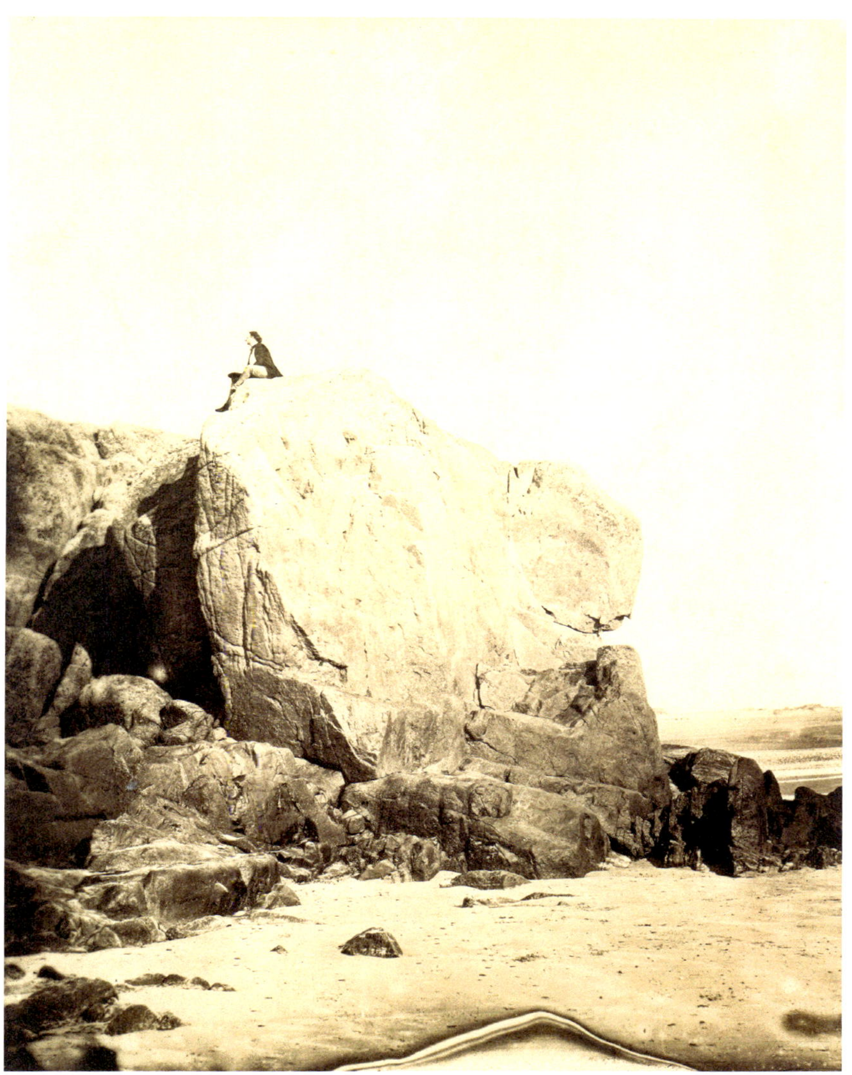

*« Le banni, debout, sur la grève*
*Contemplant l'étoile et le flot,*
*Comme ceux qu'on entend en rêve*
*Parlera dans l'ombre tout haut… »*

Victor Hugo, *Les Châtiments*, Livre I, I

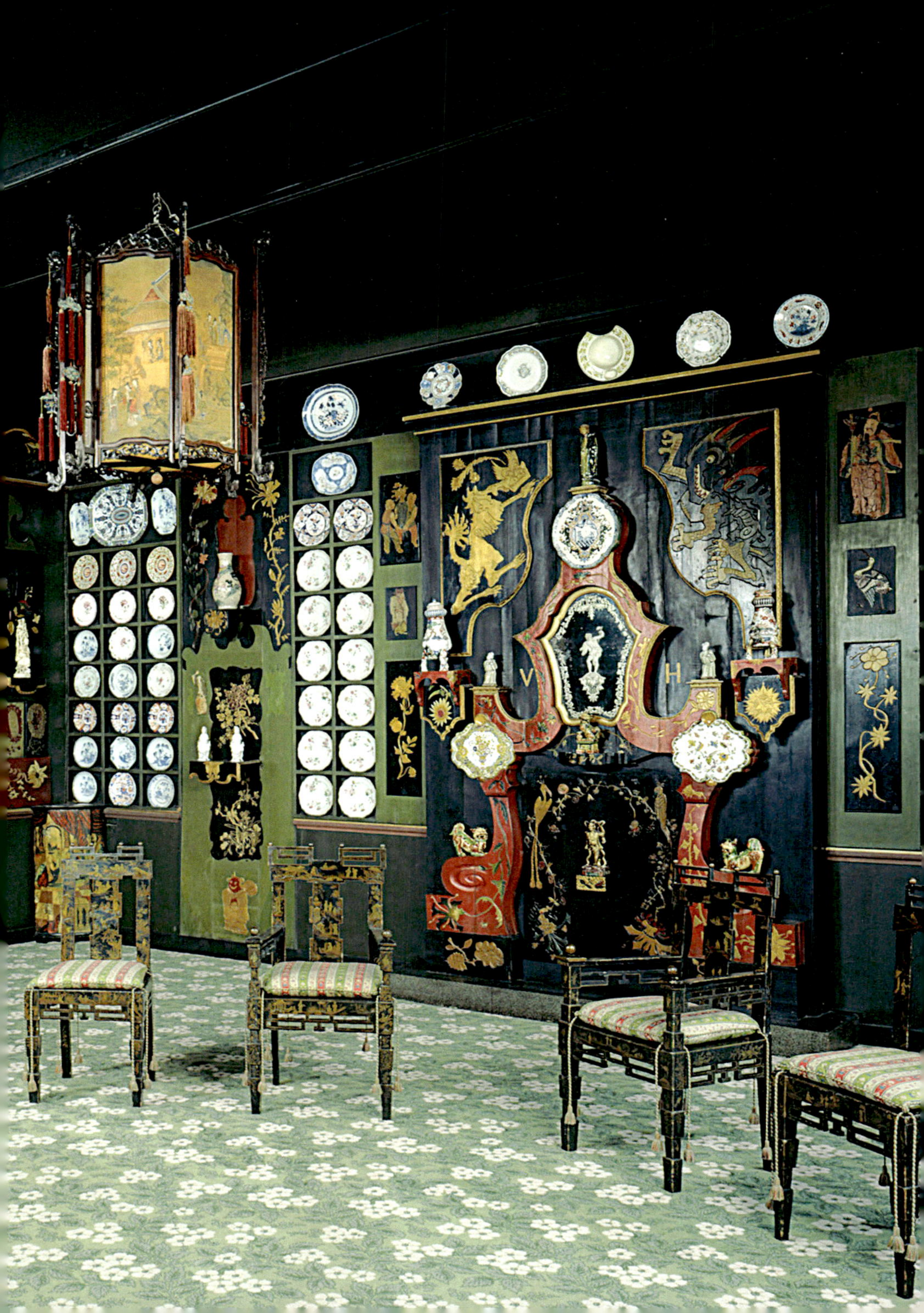

# Le salon chinois de Hauteville Fairy

**« Quand vous viendrez à Guernesey, vous verrez que j'ai manqué ma vocation et que j'étais né pour être décorateur. »**
Jules Claretie, *Victor Hugo – Souvenirs intimes*

La passion de Victor Hugo pour les antiquités et la décoration est assez vive pour que ses contemporains en soient déjà frappés à l'époque où il demeure place Royale. Elle s'intensifie encore au moment de l'exil. En mai 1856, les droits d'auteur des *Contemplations* permettent au proscrit d'acquérir, au n° 38 de la rue de Hauteville, la grande bâtisse de Hauteville House, ancien repaire de pirates face au large. Hugo cède à « la Fée Bric à Brac » et au « Dieu Bibelot », court les brocantes, accompagné le plus souvent de Juliette Drouet, mais aussi de ses fils. Entre Guernesey, Londres et Bruxelles, le plaisir de chiner toutes sortes de curiosités, « machins étranges et uniques », bois sculptés, bouts de chiffons, morceaux de coffres, tapis, porcelaines… se double du goût de détourner la fonction des objets. Hugo couche d'abord ses créations sur le papier, avant d'en confier l'exécution à Mauger, son ébéniste local ; lui-même intervient parfois pour sculpter ou peindre tel ou tel élément.

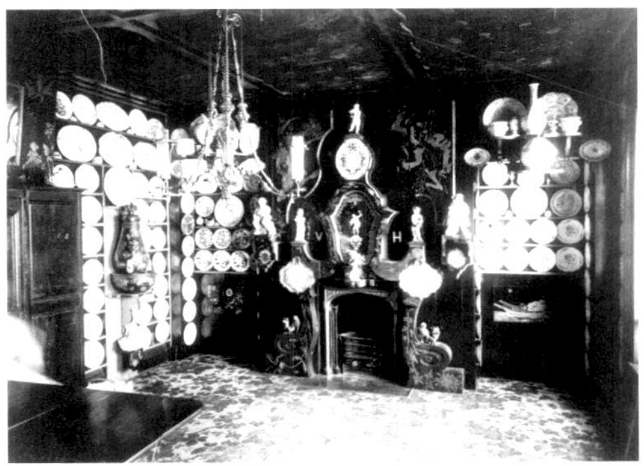

**ill. 16**
Vue du salon chinois de Hauteville Fairy

**ill. 17**
**Anonyme**
*Salon chinois de Juliette Drouet à Hauteville Fairy*
Photographie sur papier albuminé
15 x 20 cm
MVHP-PH-3673

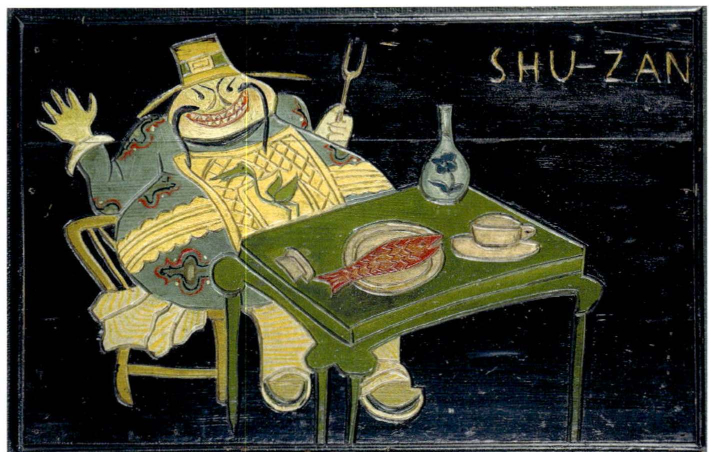


**ill. 18**
**Victor Hugo**
**(1802-1885)**
*SHU-ZAN*, panneau en bois pyrogravé
Paris, Maison de Victor Hugo

À Guernesey, la solitude du poète est tempérée par la fidélité de Juliette. Après avoir méthodiquement transformé son refuge de Hauteville House en « chambre d'écho » de son propre esprit, Hugo investit la demeure de la bien-aimée. La « proscrite du dévouement » emménage d'abord à La Fallue, où le poète conçoit une partie du mobilier. En juin 1864, Juliette transporte ses pénates à Hauteville Fairy, à quelques pas de Hauteville House. Dans cette maison acquise avec elle et pour elle, Hugo orchestre toute la décoration.

Remonté dans la maison de la place des Vosges pour l'ouverture du musée, un décor chinois habillait à l'origine le salon, mais aussi la chambre de Hauteville Fairy, comme en témoignent des photographies anciennes conservées dans les collections du musée. La correspondance de Juliette permet de suivre les étapes de cette création ; dans une lettre datée du 6 août 1863, elle écrit à son « grand bibeloteur » : « [...] vénérable et sacrée comme un temple pour moi, car ta pensée y est partout présente sous la forme divine de l'art [...]. Ceci dit, une fois pour toutes, je reviens à mon admiration pour cette prodigieuse chambre qui est un véritable poème chinois. »

ill. 17

Les assiettes de porcelaine, les statuettes de bronze, les ivoires et les céramiques font écho aux luisances des panneaux de bois et des cadres peints ou gravés. La Bibliothèque nationale de France conserve un carnet riche de plusieurs croquis préparatoires de ce décor foisonnant, dicté par les lois de la seule fantaisie. Le pointu du chinois donne du piquant aux rêveries de l'écrivain décorateur : hilare et ventripotent, le personnage attablé devant un beau poisson est gratifié du

prénom « Shu-Zan », hommage à Suzanne, la cuisinière de Juliette ; ill. 18
bercé par le flot étoilé, un Chinois s'endort dans une barque guidée par une famille d'escargots ; un diable aux yeux rouges trône, bras croisés, sur une potiche ; du cœur des fleurs épanouies s'échappent un papillon, un oiseau, une pagode…

Dans cet univers hugolien, comment échapper au « VH », aux initiales de « ce nom militant, ce nom déchiré, ce nom proscrit » ? La signature du maître est disséminée dans l'ensemble de la composition, tantôt de manière ostensible, comme sur le foyer de la cheminée richement ornée, au centre de la pièce, tantôt de façon plus allusive, sous forme de rébus. Ainsi, l'ombre portée de l'*Acrobate* projette au mur la sil- ill. 19
houette agrandie et noire d'un « H » et d'un « V ». Les majuscules deviennent alors architecture, hiéroglyphes, symboles… Pour être moins immédiatement visibles, les initiales de la bien-aimée transparaissent dans le panneau *Harmonia* où la trompette de l'ange musicien ill. 20
dessine le « J » et le « D » de Juliette Drouet ; on les retrouve sur la panse d'un vase, au-dessus du petit Chinois équilibriste.

J. G.

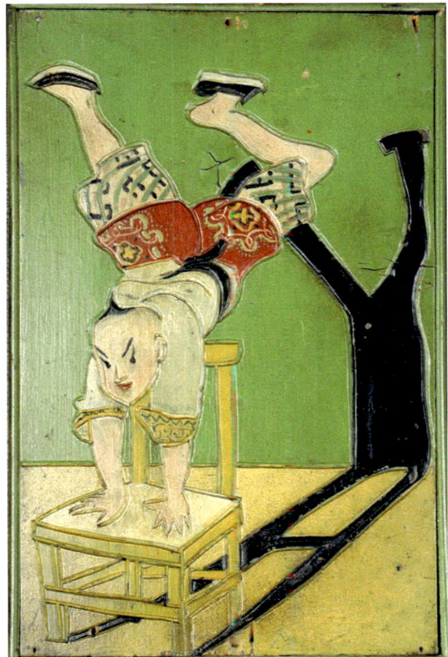

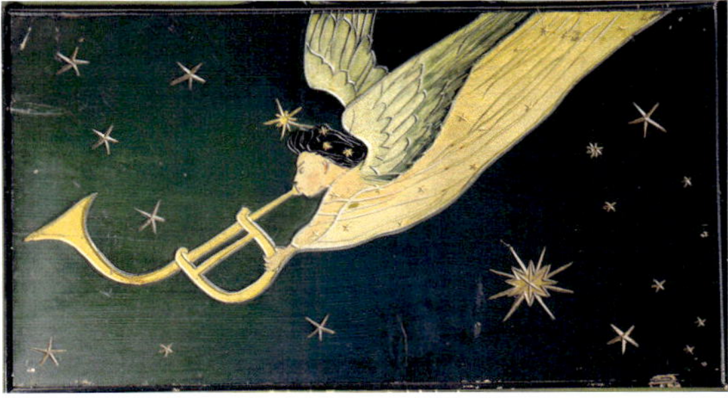

**ill. 19**
**Victor Hugo**
*Acrobate*, panneau en bois pyrogravé
Paris, Maison de Victor Hugo

**ill. 20**
**Victor Hugo**
*Harmonia*, panneau en bois pyrogravé
Paris, Maison de Victor Hugo

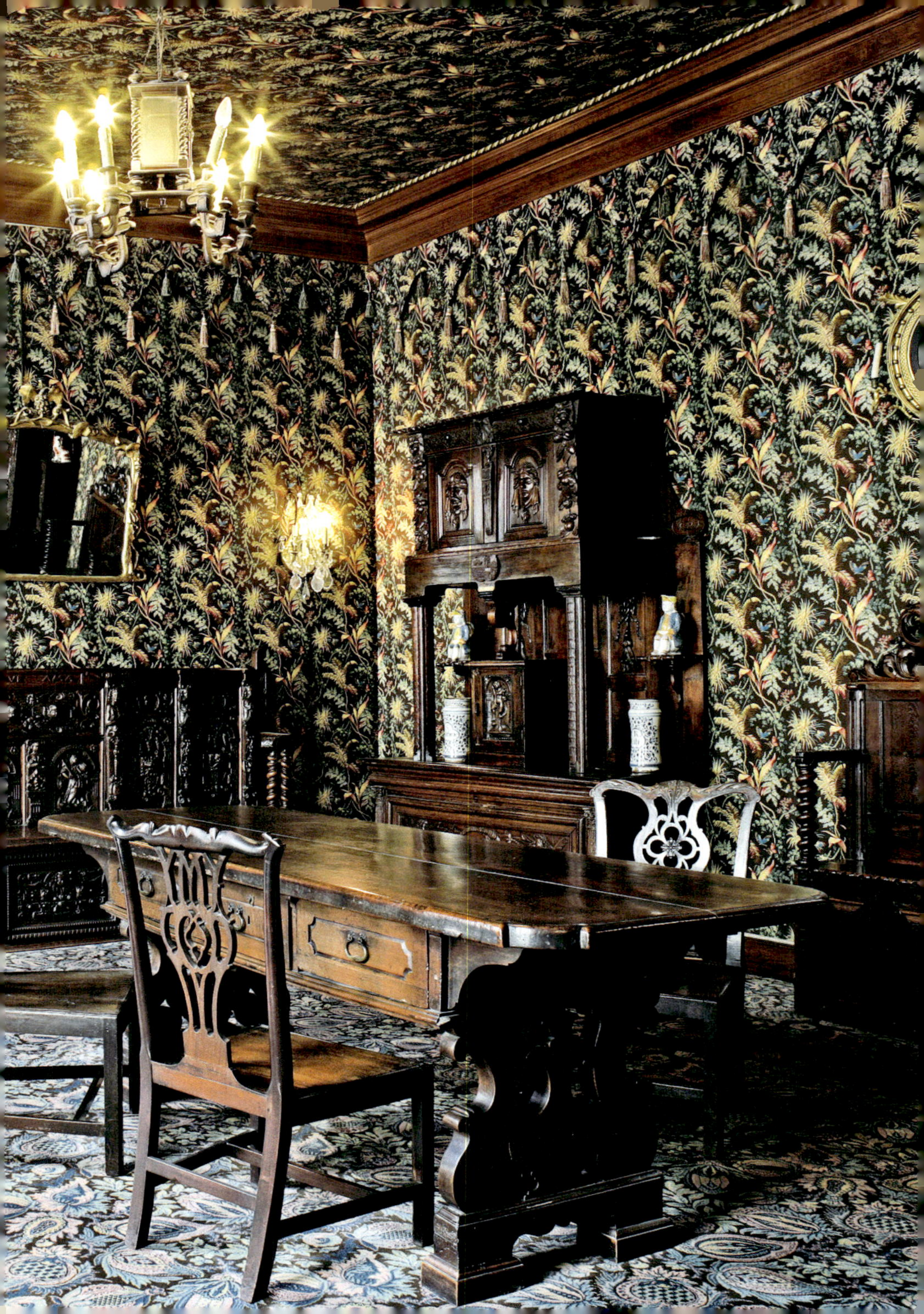

# La salle à manger de Hauteville Fairy

**« Je regrette, mon grand bibeloteur, de n'avoir pas eu le temps de te dire combien j'étais éblouie, ravie et attendrie de toutes les belles choses, jolies, charmantes et ingénieuses que tu as fait faire dans mon logis. »**

Juliette Drouet à Victor Hugo, 13 juillet 1863

**ill. 21**
Vue de la salle à manger de Hauteville Fairy

Reconstituée elle aussi pour l'inauguration du musée, cette salle à manger d'inspiration médiévale est fidèle à l'esprit du décor conçu par Hugo pour sa maîtresse. L'imagination du maître s'impose jusque dans le mobilier néogothique à l'architecture composite. Ici, des morceaux de coffres anciens deviennent chambranles de portes ou buffets, des portes monumentales se métamorphosent en plateaux de table et des bobines de fil en lanternes… Certains de ces meubles occupaient la chambre de Hauteville Fairy, comme l'attestent les photographies anciennes exposées dans la salle.

Le bahut qui repose sur un coffre sculpté de divinités marines tient à la fois du buffet, mais aussi du tabernacle, tout désigné pour abriter le buste de Victor Hugo en porcelaine par Louis-Joseph Lebœuf. Pour rester dans la note de Hauteville Fairy, on retrouve les bustes en plâtre de Juliette et de sa fille, Claire Pradier, par Victor Vilain sur le grand meuble orné d'un miroir ; les panneaux supérieurs de ce bahut « à la cathédrale » rappellent les stalles sculptées d'une église. La boiserie entre les deux fenêtres est une autre expression du génie inventif du poète. Elle dissimule en effet une table à abattant, dont Hugo a dessiné le projet au crayon dans le petit album de 1864 aujourd'hui conservé à la Bibliothèque nationale de France ; le panneau de bois, décoré d'écoinçons sculptés, bascule pour devenir plateau, tandis que la figure de saint Michel pivote et se pose droit sur le sol, comme un pied de table. ill. 22

Entre dévotion et pastiche, ces créations puisent à l'une des sources vives du romantisme et réfléchissent l'histoire du goût au XIXe siècle. La résurrection du Moyen Âge et du gothique répond à une aspiration de la sensibilité « moderne », opposée au matérialisme bourgeois. Chateaubriand, avec la parution du *Génie du christianisme*, est l'un de premiers à ouvrir la voie. La piété à l'égard des vieilles pierres ne relève pas seulement du pittoresque, mais répond aux exigences les plus profondes de l'esprit. La voix hugolienne s'en fait l'écho avec la publication du pamphlet *Guerre aux démolisseurs* (1825) ou de *Notre-Dame de Paris* (1831), épopée médiévale qui célèbre la légende du vieux Paris, de sa cathédrale chargée d'âme et d'histoire. Prôner le gothique et se meubler « à la cathédrale », c'est manifester en somme son appartenance à l'avant-garde des poètes et des artistes.

De l'appartement de la place Royale aux « poèmes en plusieurs chambres » de Hauteville House ou Hauteville Fairy, le goût de Victor Hugo (ill. 23) se rattache à un certain climat spirituel et esthétique. Juliette Drouet ne s'y trompe pas, qui voit en chaque création l'expression « sublime » d'une pensée.

J. G.

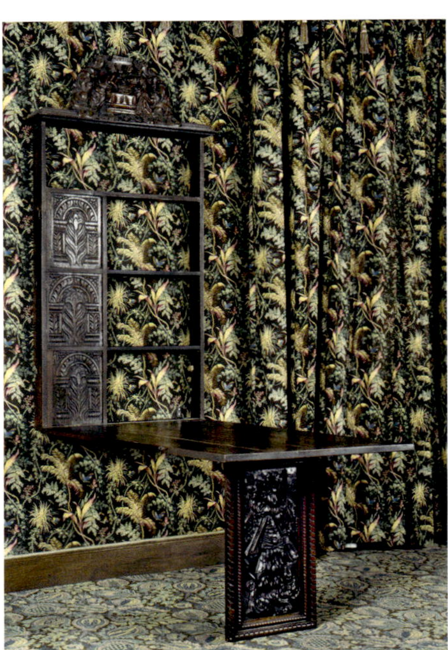

**ill. 22**
**Victor Hugo**
Table à abattant, 1857
Bois
263 x 90,5 x 156,5 cm
(ouverte)
MVHP-0-1014

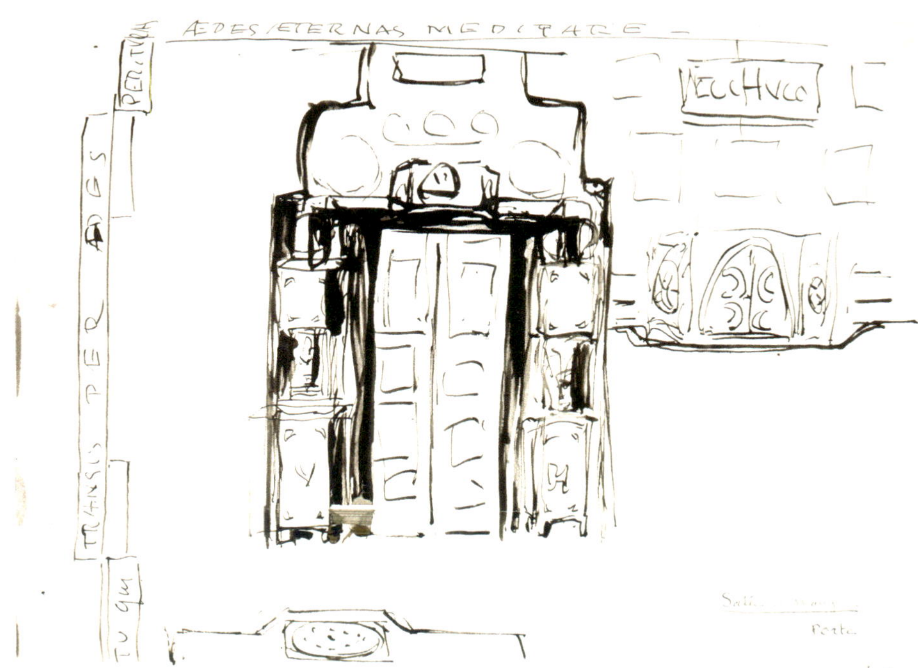


**ill. 23**
**Victor Hugo**
*Porte de la salle à manger de Hauteville House,*
vers 1860
Dessin sur papier gris vélin
18 x 22,7 cm
MVHP-D-1391-D

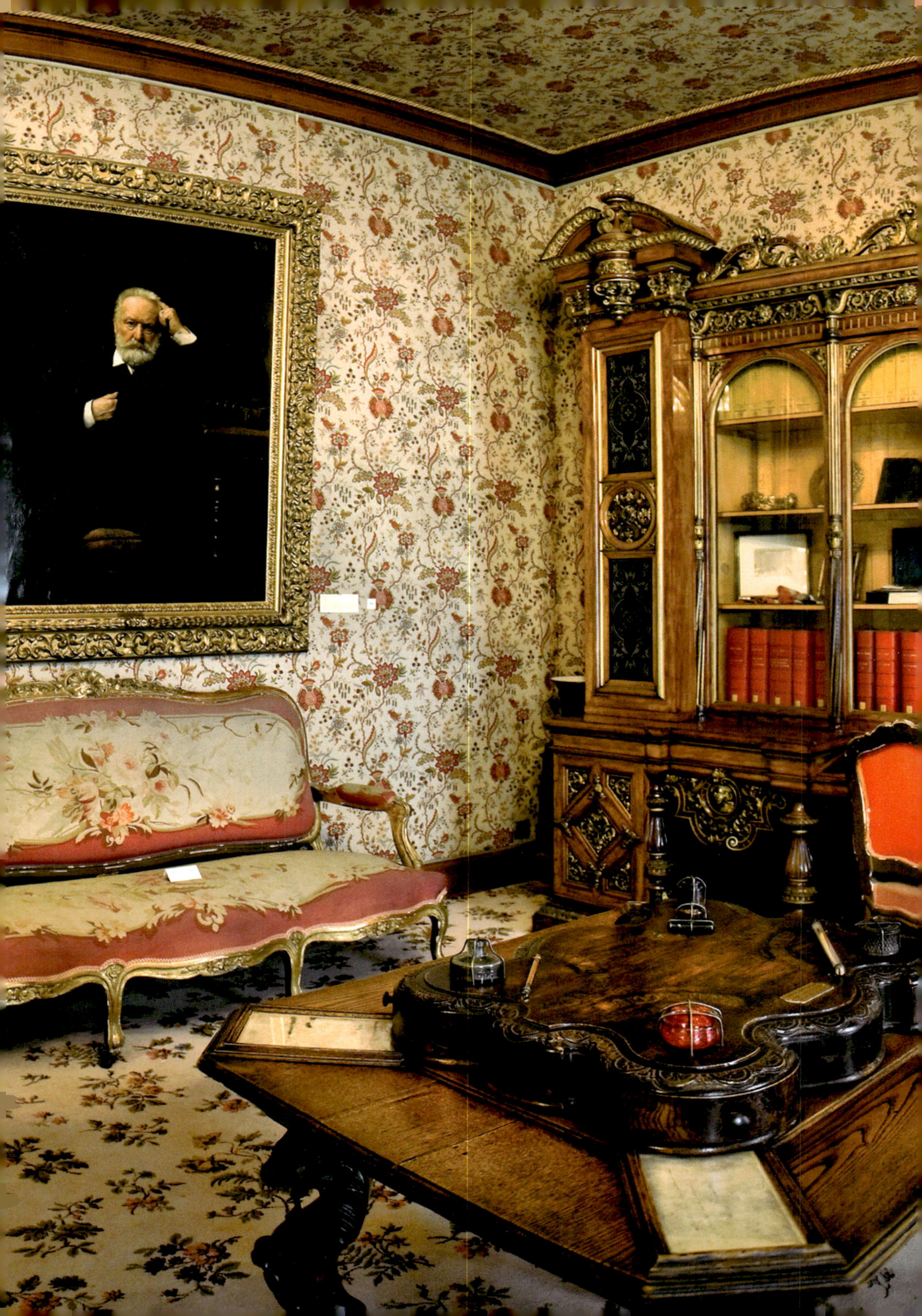

# Le salon de la rue de Clichy

**« Fidèle à l'engagement que j'ai pris vis-à-vis de ma conscience, je partagerai jusqu'au bout l'exil de la liberté. Quand la liberté rentrera, je rentrerai. »**

Victor Hugo, déclaration du 18 août 1859

**ill. 24**
Vue du salon
de la rue de Clichy

Dans les trois jours qui suivent la défaite de Sedan et la reddition de Napoléon III, le proscrit de Guernesey est à Paris. Accueilli en héros après dix-neuf ans d'exil, Hugo prône la résistance contre les Prussiens, appelle « au calme et à l'union » pour sauver la République et la Patrie. L'armistice est signé le 28 janvier 1871. Élu député de Paris, Hugo rejoint l'Assemblée, qui s'est repliée à Bordeaux pour négocier la paix ; en dépit de toutes ses tentatives, il échoue à fédérer la gauche dont il est l'un des représentants et ne tarde pas à démissionner. S'il demeure une autorité morale, l'écrivain ne joue plus aucun rôle sur la scène politique. Le 13 mars 1871, son fils Charles meurt brutalement. Hugo rentre pour l'enterrer dans une capitale de la douleur, hérissée des barricades de la Commune… Tout en désavouant la violence des affrontements, il n'en milite pas moins en faveur de l'amnistie des communards après la victoire des Versaillais. Aux désastres de l'histoire répondent les épreuves de la vie privée : le 26 décembre 1873, son second fils, François-Victor, meurt de la tuberculose. « Encore une fracture, et une fracture suprême de ma vie. Je n'ai plus devant moi que Georges et Jeanne » (Victor Hugo, *Choses vues*).

L'écriture est pour Victor Hugo la réponse aux deuils comme aux fractures : *L'Année terrible* paraît en 1872, *Quatre-vingt-treize* et *Mes fils* en 1874, *Actes et paroles* en 1875-1876, *L'Art d'être grand-père* en 1877… Contemporain de ce recueil poétique, le tableau de Charles Voillemot exposé ici rappelle le lien privilégié que Georges et Jeanne entretiennent avec leur « Papapa ». Lorsqu'en avril 1874, Hugo prend ses quartiers au 21, rue de Clichy, sa belle-fille Alice, veuve de Charles, et les deux enfants occupent un autre étage du même immeuble. Une lecture attentive des souvenirs de Georges Hugo, publiés en 1902

sous le titre *Mon grand-père*, a dicté l'aménagement de ce « salon du retour d'exil » : « Il y avait là des objets que j'ai toujours connus [...]. Puis, les meubles en bois doré, recouverts de tapisseries sur fond blanc et rose, et rangés cérémonieusement en demi-cercle autour de la cheminée. »
Ne manquent que les amis et fidèles du salon de la rue de Clichy : Paul Meurice, Auguste Vacquerie, Théodore de Banville, les hommes politiques Léon Gambetta, Victor Schœlcher, Louis Blanc...
ill. 25 et 26 Dans ce salon du retour d'exil, une huile du peintre Léon Bonnat et un bronze d'Auguste Rodin célèbrent le « géant du siècle ». Ces deux œuvres, que Paul Meurice avait commandées à des artistes contemporains pour enrichir les collections du nouveau musée de la place des Vosges, rendent hommage à la figure désormais légendaire du poète. Chacune à leur manière, elles réfléchissent la puissance du génie hugolien, la force de son rayonnement dans l'histoire comme dans l'imaginaire collectif.
En novembre 1878, Hugo s'installe dans un hôtel particulier (aujourd'hui démoli) donnant sur jardin, au 130, avenue d'Eylau à Paris ; à l'occasion de son quatre-vingtième anniversaire en 1882, l'artère sera en partie rebaptisée à son nom, avant de l'être totalement à sa mort.
ill. 30 Pour la première fois, Juliette Drouet partage le même toit – mais pas le même appartement ; la compagne de l'ombre est désormais l'hôtesse de l'avenue Victor-Hugo. Elle continue d'adresser ses billets quotidiens au maître, de l'accompagner dans ses voyages, ses villégiatures en Normandie, tantôt à Veules-les-Roses, dans la maison de Paul Meurice, tantôt à Villequier, chez Vacquerie, mais laisse parfois deviner sa nostalgie de Guernesey, « ce petit oasis qui fut notre paradis si longtemps »...

J. G.

---

**ill. 25**
**Daniel Saubès (1855-1922)**
**(d'après Léon Bonnat, 1832-1922)**
*Portrait de Victor Hugo*, 1879
Huile sur toile
137 x 109,5 cm
MVHP-P-205

**Portraitiste attitré des gloires de la IIIe République, Léon Bonnat présenta un portrait de Victor Hugo au Salon de 1879. Un de ses élèves, Daniel Saubès, exécuta cette réplique, autorisée par le peintre, pour l'ouverture du musée en 1903. Cheveux courts, barbe blanche, le patriarche s'appuie sur un volume d'Homère posé sur la table. Comme le poète de *L'Iliade et de L'Odyssée*, Hugo est devenu à lui seul un monument littéraire. Cette nouvelle image est assez forte pour éclipser dans la mémoire commune toutes celles qui précédaient.**
**La puissance créatrice a pris le visage de la paternité. Le Prophète, le porte-voix de la Conscience, se confond désormais avec la figure tutélaire du Père – Hugo, Père de la république bien sûr, mais aussi Père du peuple et de tous « les Misérables ».**

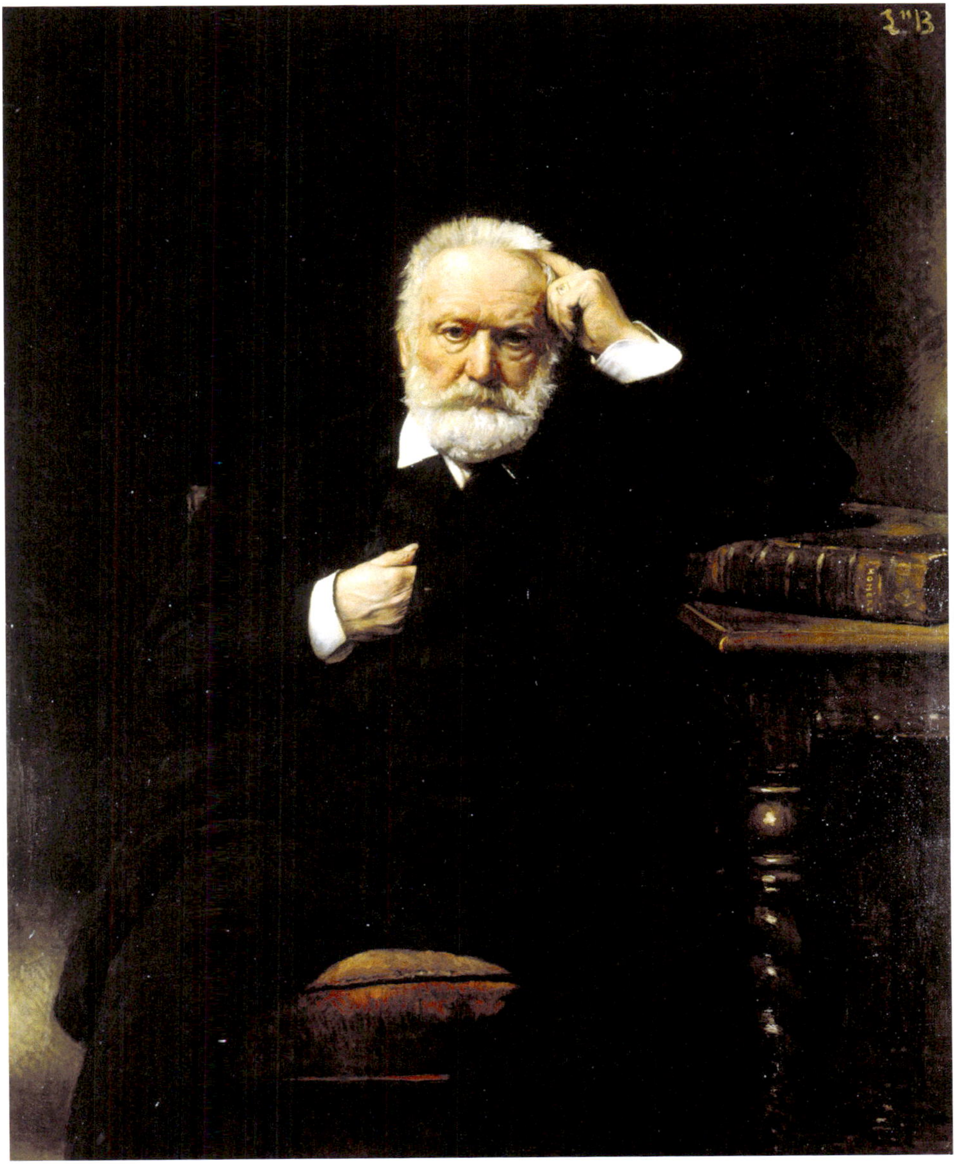

« Je suis l'être incliné qui jette ce qu'il pense ;
Qui demande à la nuit le secret du silence… »

Victor Hugo, *Les Contemplations*, Livre VI, VI, « Pleurs dans la nuit »

ill. 26
**Auguste Rodin (1840-1917)**
*Victor Hugo, buste héroïque*
Bronze, fonte Alexis Rudier, 1908
83 x 56 x 65 cm
MVHP-S-1453/93

**Auguste Rodin éprouve une profonde admiration pour Victor Hugo, dont il fait la connaissance en 1883 ; vieillissant et las, son illustre modèle refuse de poser, mais le sculpteur a néanmoins tout loisir de le regarder vivre. Il adopte alors une autre méthode de travail, passe par le dessin et multiplie les croquis préparatoires sur le vif avant de travailler l'argile. Il poursuit également sa recherche en 1884-1885, en gravant à la pointe-sèche, dans une double série de trois quarts et de face, le visage du poète qu'il voit comme « un mélange de l'Hercule antique et de la pensée moderne ». Ce buste dit « buste héroïque » est nourri du souvenir – longuement médité – de cette rencontre. Au-delà de la simple ressemblance, Rodin a vu la figure mythique du « géant du siècle » qui porte en soi l'immensité d'un monde. Si le masque est celui de l'homme âgé, la nudité herculéenne du torse, incliné vers l'avant, déploie l'énergie indomptable d'Atlas soutenant la voûte céleste.**

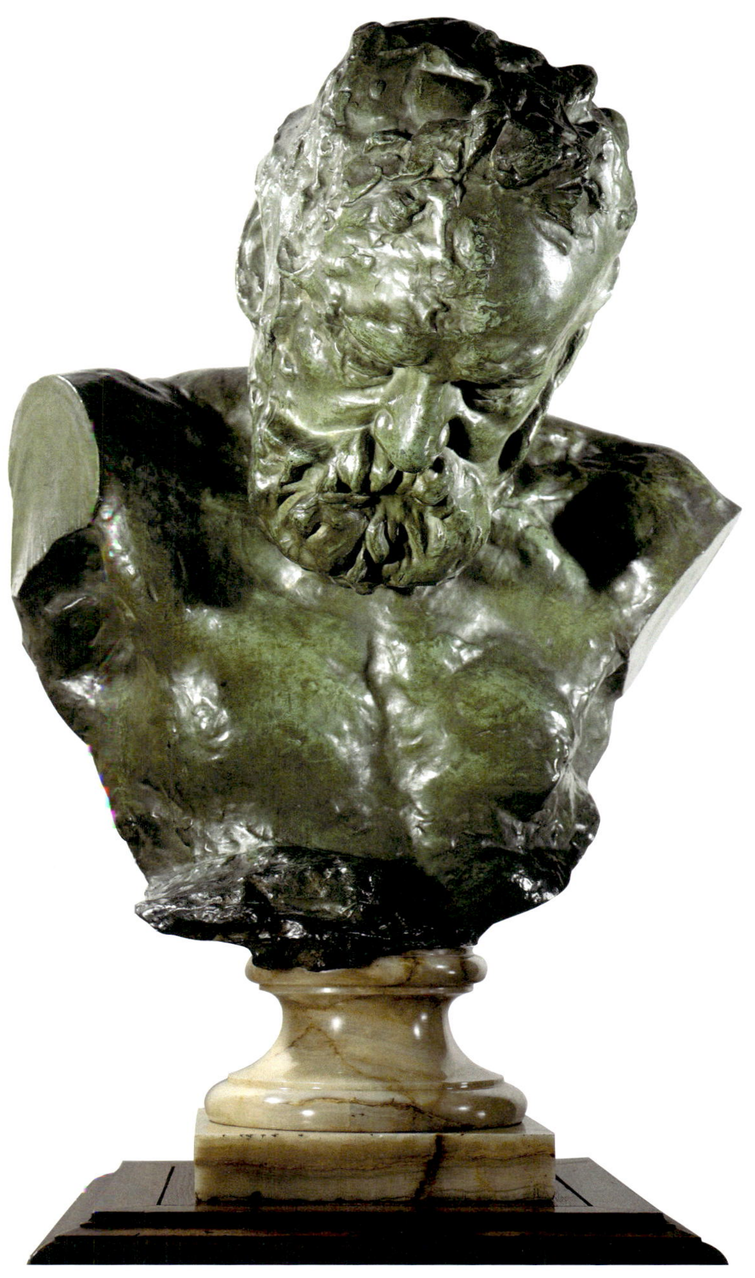

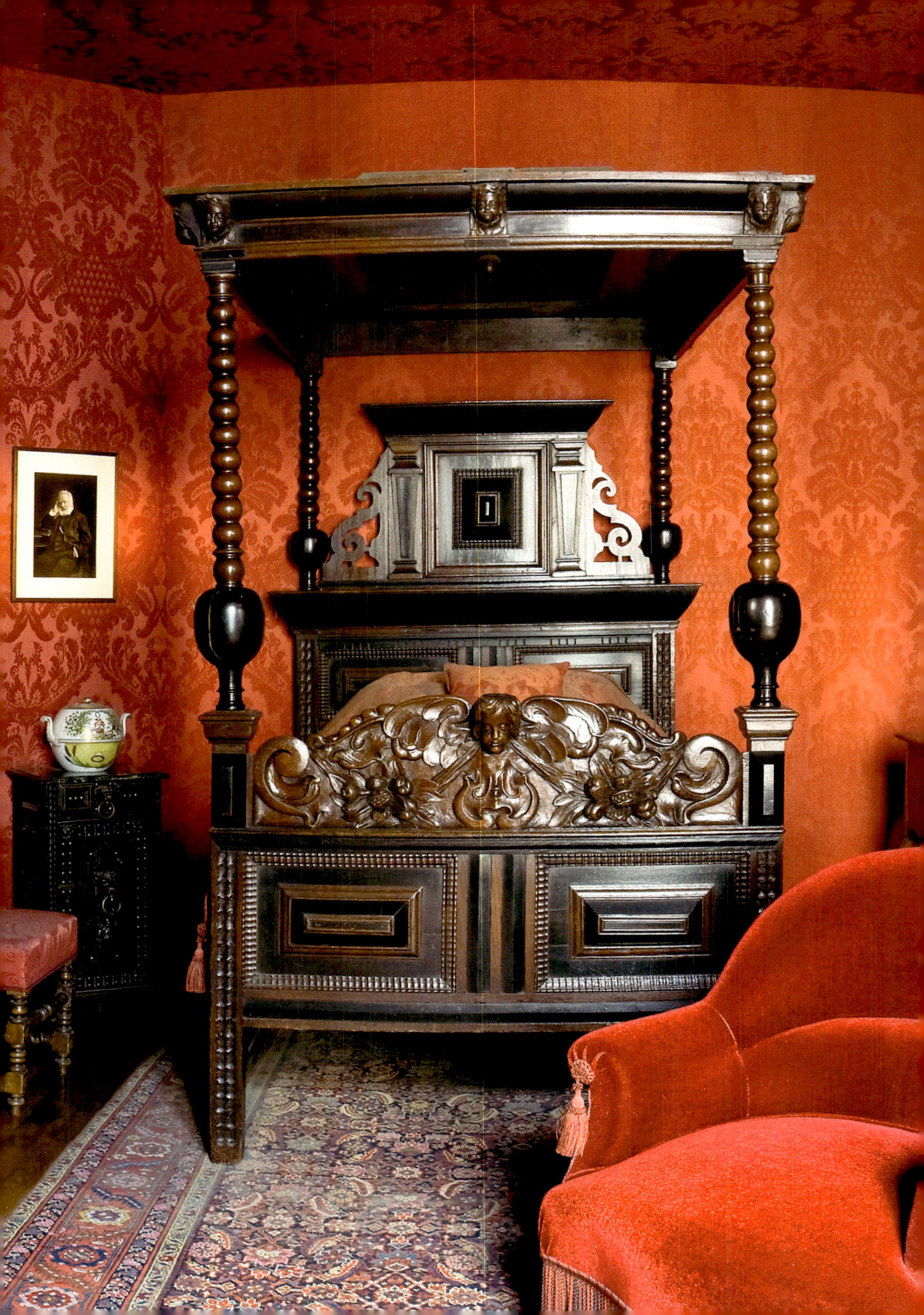

# La chambre de l'avenue d'Eylau

**« C'était une petite pièce tendue de soie d'un vieux rouge. »**
Georges Hugo, *Mon grand-père*, Paris, 1902

ill. 27
Vue de la chambre de l'avenue d'Eylau

« Sa chambre à coucher, dans l'hôtel de l'avenue d'Eylau. [...] Des rideaux à gros plis cachaient les deux portes. Au plafond, une tapisserie encadrée d'une large bande de velours vert. Le lit de style Louis XIII à colonnes torses venait du fond de la pièce presque jusqu'à la cheminée ; petite cheminée de marbre blanc avec un dessus de soie à festons, une pendule, deux chandeliers. Une seule fenêtre donnait sur le jardin en profondeur, par où la lumière entrait, violente, mettant des luisants sur un grand meuble à deux corps, dans lequel mon grand-père enfermait ses manuscrits. Près de la fenêtre, le haut bureau à écrire debout, avec les feuilles de Whatman, un plat encrier de Rouen à petit goulot, où était fichée une plume d'oie noircie jusqu'à la barbe, une soucoupe pleine de la poudre d'or dont il séchait les lignes fraîchement tracées. Il faisait sa toilette sur une commode Louis XV, à tiroirs ventrus incrustés de fleurs en marqueterie. À côté du lit, sur un chiffonnier de chêne sculpté, une *Justice* de plâtre doré tenait son glaive en un geste froid. Un tapis de Smyrne étouffait les pas. »
Georges Hugo, *Mon grand-père*, Paris, 1902

La lecture attentive des souvenirs de Georges, le petit-fils du poète, a inspiré la reconstitution fidèle de la chambre à coucher de Victor Hugo, telle qu'elle était dans son hôtel parisien de l'avenue d'Eylau. Les objets chers ou simplement nécessaires réunis dans cette pièce ont été donnés par Georges et sa sœur Jeanne, pour l'inauguration du musée. Le lit, la pendule, le chiffonnier sculpté ou la commode marquetée ont la patine du temps, mais aussi la charge du souvenir : tous racontent les dernières années à Paris. *La Justice* de plâtre décrite par Georges Hugo est en fait une statue de la République que le

ill. 28

sculpteur Auguste Clésinger offrit au poète pour son anniversaire, le 26 février 1879. Le vase de Sèvres à fond bleu, rehaussé d'un décor peint par Théophile Fragonard, commémore la naissance du poète de manière plus officielle : le soir du 25 février 1881, Jules Ferry, alors président du Conseil, vint lui remettre ce présent en mains propres, au nom du gouvernement.

ill. 29 Les ultimes manuscrits ont été rédigés sur le double plateau de la table en bois noir que Hugo avait imaginée pour écrire plus commodément debout, comme il le faisait dans son *look-out* de Hauteville House, face à l'immensité de l'océan.

Cette chambre est une forme de cénotaphe encore baigné du mystère des derniers mots qu'il prononça dans ce lit sombre à colonnes le 22 mai 1885 : « Je vois de la lumière noire »...

J. G.

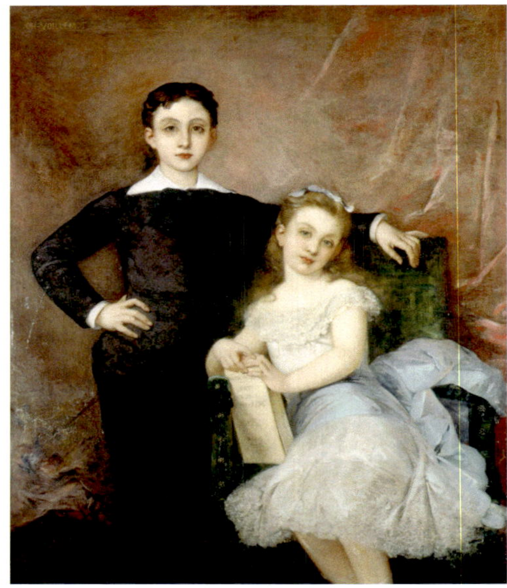

**ill. 28**
**Charles Voillemot (1823-1893)**
*Portrait de Georges et Jeanne*, 1879
Huile sur toile
140,8 x 115 cm
MVHP-P-1623

**ill. 29**
Bureau de Victor Hugo
Bois et cuir
155,5 x 99 x 67 cm
MVHP-Oa-1151

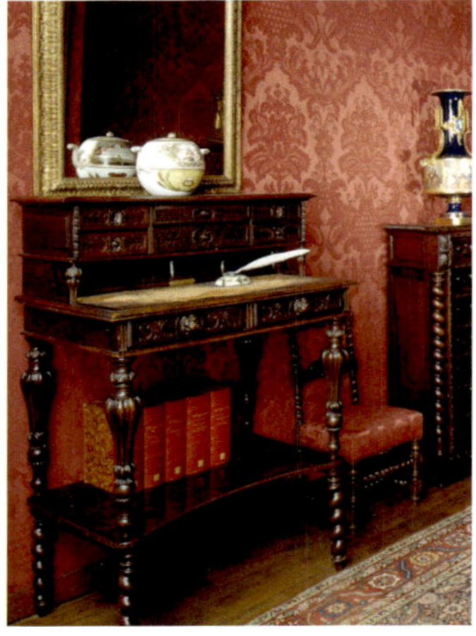

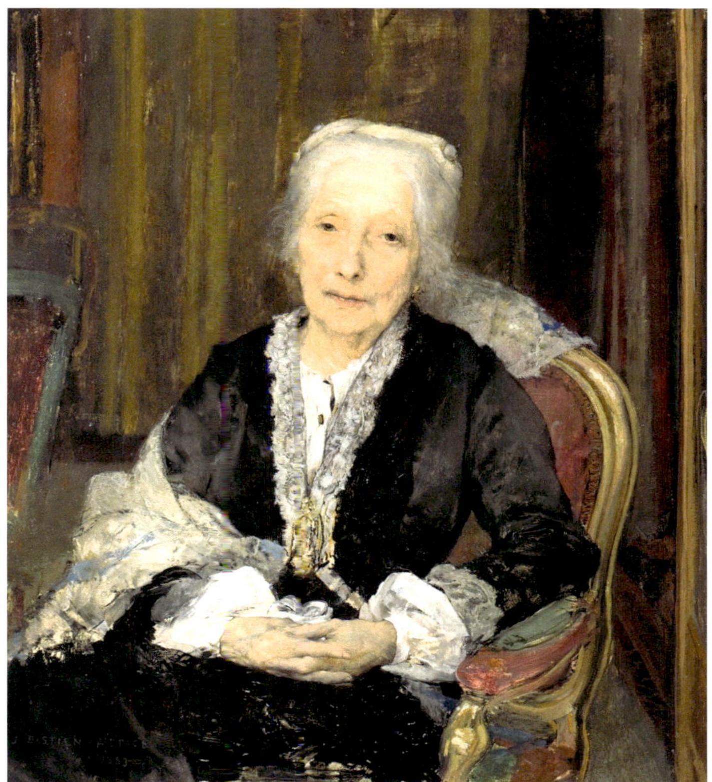

ill. 30
**Jules Bastien-Lepage (1848-1884)**
*Portrait de Juliette Drouet*, 1883
Huile sur toile
36 x 31 cm
MVHP-P-266

Reconnu pour son talent de portraitiste, Jules Bastien-Lepage signe ici une œuvre sensible, exécutée quelques mois avant la mort de Juliette Drouet, le 11 mai 1883. Une douceur un peu lasse transparaît dans le regard et l'expression du visage usé par l'âge et la maladie, dans l'abandon des deux mains jointes. Celle qui fut la « proscrite du dévouement » ne saurait pour autant renier sa foi. Jusqu'au dernier souffle, elle est aux côtés de Victor : elle assume son rôle de secrétaire intendante et d'ange du foyer toujours hospitalier aux nombreux invités du maître : Gustave Flaubert, Édouard Manet, Georges Clemenceau…

« Paris, 11 juillet 1882, mardi matin 7 h :
Cher bien-aimé […] Je me cramponne à la vie de toute la puissance de mon amour pour ne pas te laisser trop longtemps sans moi sur la terre. Mais hélas ! La nature regimbe et ne veut pas. »
Lettre de Juliette Drouet à Victor Hugo

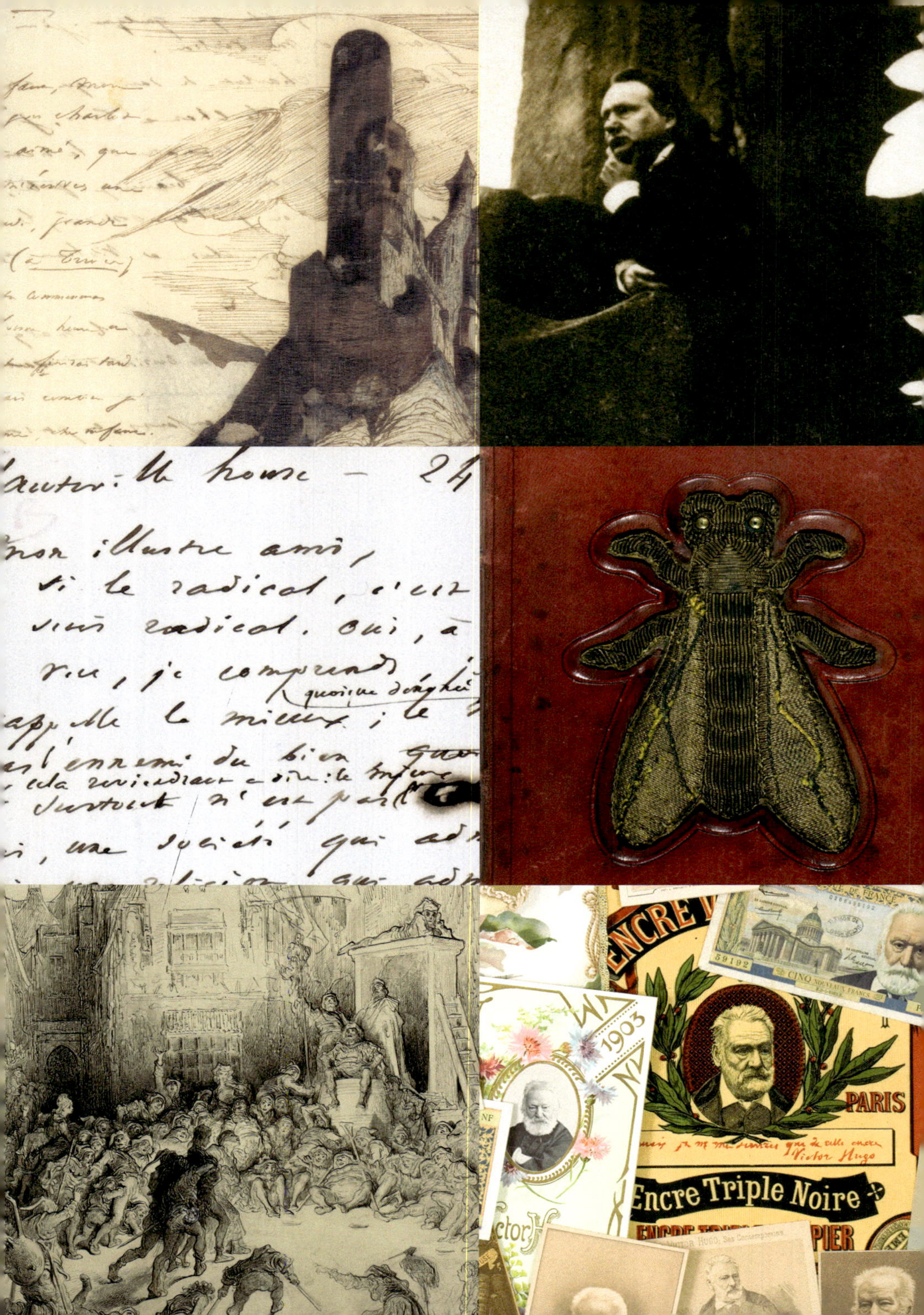

1903
CINQ NOUVEAUX FRANCS
PARIS
Victor Hugo
Encre Triple Noire

# La collection

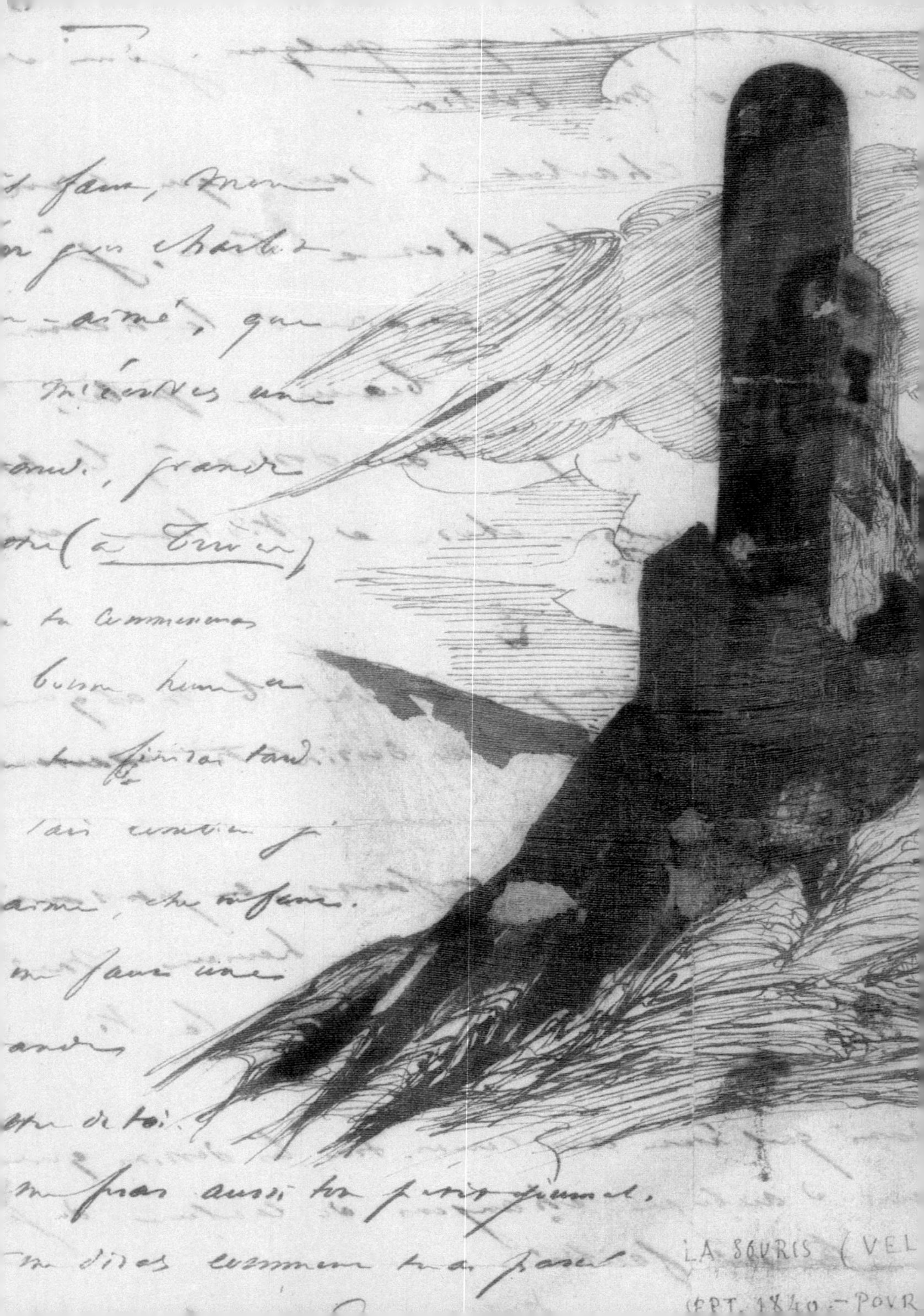

...t faire, amour

...ur plus chercher

...n-aimé, que

Tu écrives une

...onde, grande

...otre (à Trèves)

... tu commenceras

besoin heureux

... finiras tard.

Sais combien j...

aimé, cher enfant.

...me faire une

...ardis

...otre de toi.

...me feras aussi ton petit journal.

...me diras comment tu as passé

LA SOURIS (VEL

(SEPT. 1840 — POUR

# Victor Hugo et l'art graphique

« … à des heures de rêverie presque inconsciente avec ce qui restait d'encre dans ma plume… »

Victor Hugo à l'éditeur Castel, 5 octobre 1862, *Actes et paroles, II, Pendant l'exil*

**ill. 31**
**Victor Hugo (1802-1885)**
*La Souris (Velmich)* (détail), septembre 1840
Plume et lavis d'encre brune, crayon de graphite, sur une lettre manuscrite autographe adressée par Victor Hugo à son fils Charles, sur les deux faces du papier, et datée de Mayence, 1er octobre
27,5 x 22 cm
MVHP-D-433

À chacune des époques de sa vie, Victor Hugo a su trouver dans le dessin un moyen d'aiguiser son regard, de sublimer le réel au fil de la rêverie, mais aussi de servir un engagement, d'accompagner un écrit. Point besoin d'un attirail particulier, du moins au début, quelques adjuvants à ses intermédiaires de prédilection – le papier, le crayon ou la plume et l'encre suffisaient. Le dessin surgissant dans l'univers familier de l'écriture, rien d'étonnant à ce qu'il en ait souvent été aussi proche.

L'écrivain prétendait n'y voir qu'un divertissement entre « deux strophes », cependant, plus de trois mille cinq cents dessins ont été à ce jour recensés, dont environ sept cents, souvent très remarquables, sont conservés à la Maison de Victor Hugo. Ils sont majoritairement et pour les plus exceptionnels d'entre eux arrivés avec la donation de Paul Meurice, à l'inauguration du musée en 1903, et provenaient soit de sa collection personnelle, soit d'achats faits pour la circonstance, ou encore de négociations avec le neveu de Juliette Drouet, Louis Koch. Des acquisitions régulières et quelques donations ont depuis enrichi cet ensemble et permis, plus récemment, de l'étoffer d'œuvres d'une veine plus abstraite qui étaient moins bien représentées.

### « Griffonnages » et « choses à la plume »

Alors que certains des premiers croquis et petits « griffonnages » trahissant, sur ses manuels scolaires (livre de grammaire latine) ou ses

**ill. 32**
**Victor Hugo**
*M^lle George en déshabillé galant*
Plume et encre brune sur papier vélin
22 x 13,9 cm
MVHP-D-117

En bas à droite, à l'encre brune : « ton beau corps se révèle sans voile et sans atour.. dormez, ma belle, dormez, ma tourterelle ! dormez, ma tour ! »

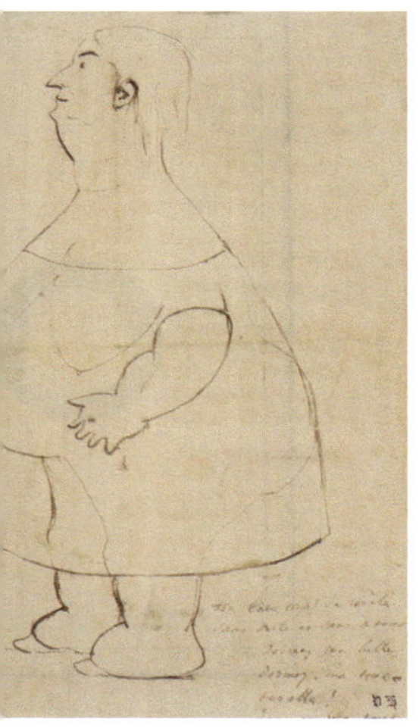

cahiers (cahier de géométrie, 1816-1817), les premières évasions du jeune Hugo sont connus, peu de dessins avant 1830 ont été répertoriés. La lettre qu'il adresse à son beau-frère Paul Foucher, le 10 mai 1825, sur laquelle apparaissent les « ombres découpées » des feuilles de lierre qui l'environnent, revêt donc une réelle importance car elle donne une date à son retour au dessin. Cet élan presque inconscient semble déjà, de manière un peu troublante, anticiper l'écriture automatique des surréalistes, qui, sous la houlette de Breton, vont ouvrir à Hugo dessinateur les portes du XX^e siècle.
Cette union du dessin et du texte se renouvellera souvent notamment lors des voyages en Belgique en 1837, sur le Rhin en 1840 (*Le Chat*,
ill. 31 *La Souris*) et dans les Pyrénées en 1843 (*Ruines de Luz*), dans des lettres et des notes, mais aussi dans des manuscrits et des copeaux de recueils ou de romans, tel celui des *Travailleurs de la mer* (*cf.* ill. 71).

La Maison de Victor Hugo conserve un certain nombre de petites caricatures du début des années 1830 qui introduisent le répertoire graphique de l'écrivain. Ces *Choses à la plume* naissent le plus souvent d'un geste rapide et instinctif, sous le regard curieux de ses jeunes enfants dont il partage les jeux. Elles s'identifient donc un peu, pour ce futur amateur de photographie, à des instantanés. Exécutées d'un trait de plume à l'encre (le lavis n'apparaît qu'en 1837), elles ont les supports offerts par le hasard : lettres ou enveloppes, cartes d'invitation, coupures de presse, couvertures de revues…
Ces petites charges, dans lesquelles la lucidité le dispute à la drôlerie, disent quel observateur est Hugo, croquant avec humour des types d'hommes et de femmes dans des moments particuliers de l'actualité. À travers eux, il pointe déjà les turpitudes de l'âme et les faiblesses de la société. Le plus souvent, il n'a pas de modèle, et à ce titre, sa charge
ill. 32 désignant la comédienne M^lle George (avec laquelle il avait eu maille à partir) est une exception.

**« Quand il voyage, il crayonne tout ce qui le frappe. Une arête de colline, une dentelure d'horizon, une forme bizarre de nuage, un détail curieux de porte ou de fenêtre, une tour ébréchée, un vieux beffroi… »** (Théophile Gautier, *Album cosmopolite*, 1838)
Apparaissent en effet, avec le rituel estival des voyages cher à Victor et à Juliette, les dessins à la mine de plomb, généralement de dimensions modestes, fixant le souvenir des paysages de Normandie, de Bretagne, puis de Belgique et du nord de la France. Ces exercices quotidiens confient à de petits carnets de voyages, en 1834 et 1835, l'attrait

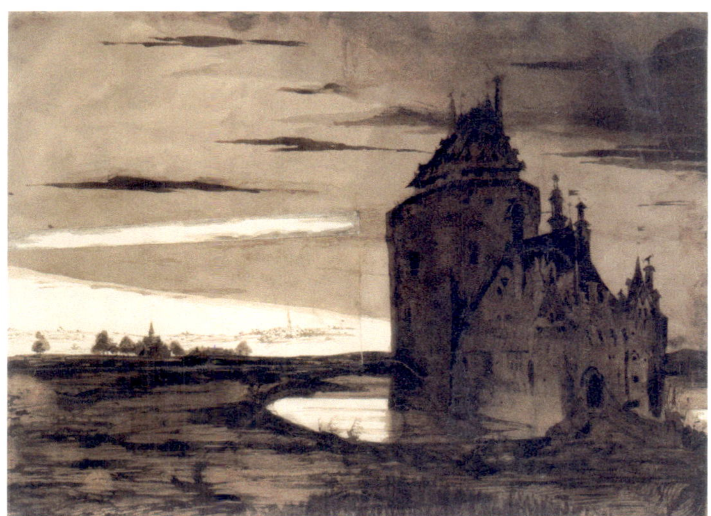

**ill. 33**
**Victor Hugo**
*Vieux burg dans l'orage*, 1837
Plume et lavis d'encre brune sur papier vélin
24 x 30 cm
MVHP-D-44

qu'exercent déjà sur Hugo les bords de mer (*Falaise d'Étretat*, 1835). À partir de 1837 (*Abbeville*, *Vieux burg dans l'orage*), le lavis d'encre fluide et transparent introduit une matière et donne de la profondeur au dessin. Il permet aussi de retrouver dans l'univers graphique de l'écrivain des effets récurrents d'ombre et de lumière, ou encore des jeux de miroir. Sur des petites feuilles ou des carnets, des éléments d'architecture, des tours et des constructions aléatoires font écho à ses engagements en faveur de l'architecture médiévale, qui, dès 1831, lui inspiraient son premier grand roman, *Notre-Dame de Paris* (*Château de Fougères*, *Dinan*, *Chartres*, 1836). ill. 33

### Souvenirs et images mentales

Avec les années 1840 et le premier voyage sur les bords du Rhin jaillissent les grands thèmes de l'œuvre plastique de Hugo : paysages et villes au bord de l'eau, tours en ruine et architectures improbables, telles ces silhouettes de burgs que l'artiste ne cessera de décliner, souvent de façon métaphorique. Toutefois, la « chose vue » se transmue, au gré des rêveries et des fantasmes de l'artiste, en un paysage de l'esprit (*La Tour des rats* et *Le Château de Furstenberg dans la brume*, 1840) et, à ce titre, *Andernach. Bords du Rhin*, 1840, se distingue par sa rare fidélité au sujet. ill. 34

L'œuvre graphique conquiert alors une place à part entière dans l'univers hugolien. Ces paysages romantiques et baignés de ténèbres des bords du fleuve (*Le Rhin à Bingen*, 1842) ne sont pas sans rappeler Dürer et inspirent à Baudelaire, au Salon de 1859, son célèbre commentaire sur « la magnifique imagination qui coule dans les dessins de Victor Hugo comme le mystère dans le ciel ».

À la fin des années 1840, sous la pression des événements, Hugo n'écrit quasiment plus que des discours politiques visant à servir de grands combats pour le respect des droits de l'homme, la liberté de la presse et de l'enseignement, le suffrage universel et l'abolition de la peine de mort qui fera toujours partie de ses engagements humanistes les plus profonds. Le dessin, s'abreuvant à la même source d'images mentales que l'écriture, en devient alors le substitut et va connaître un remarquable essor, auquel l'été 1850 donne une date. Cette année-là, Victor et Juliette renoncent à leur voyage, et l'écrivain installe chez sa maîtresse un atelier de fortune où il s'adonne au dessin jusqu'à la reprise des séances à la Chambre, au mois de novembre. Juliette lui achète « craie, porte-plume, canif à 2 lames, grattoir » (17 septembre 1850).

Alors qu'en 1848 Hugo confiait à Paul Meurice : « Je n'ai encore fait que des dessins de petites dimensions, quand trouverai-je l'cccasion d'en faire un qui soit aussi grand qu'une peinture ? », il va, curieusement, satisfaire cette ambition dans la salle à manger de Juliette ! Mêlant librement des souvenirs de voyages – des bords du Rhin au crépuscule (*Cité rhénane*, *Ville rhénane*) – à ceux d'« une forêt prodigieuse, impénétrable, effrayante » (*Souvenir de la Forêt-Noire*), ou des châteaux se dressant en 1811 dans une Espagne combattante (*Souvenir d'Espagne*) à des éléments ordinaires du quotidien, la pul-

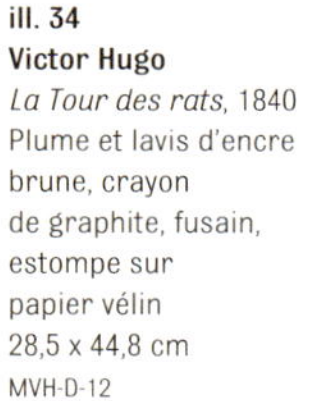

**ill. 34**
**Victor Hugo**
*La Tour des rats*, 1840
Plume et lavis d'encre brune, crayon de graphite, fusain, estompe sur papier vélin
28,5 x 44,8 cm
MVH-D-12

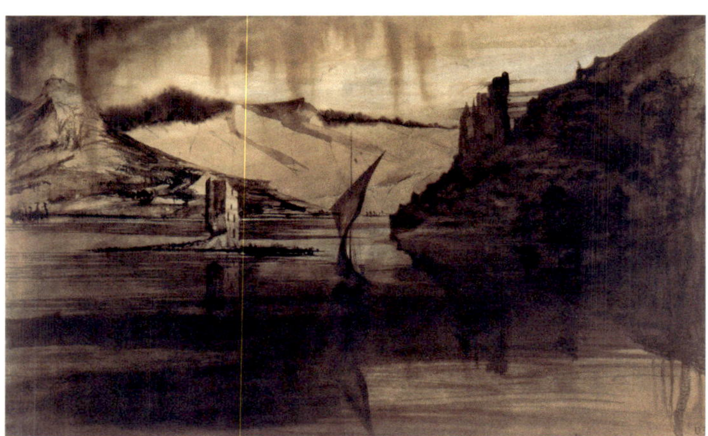

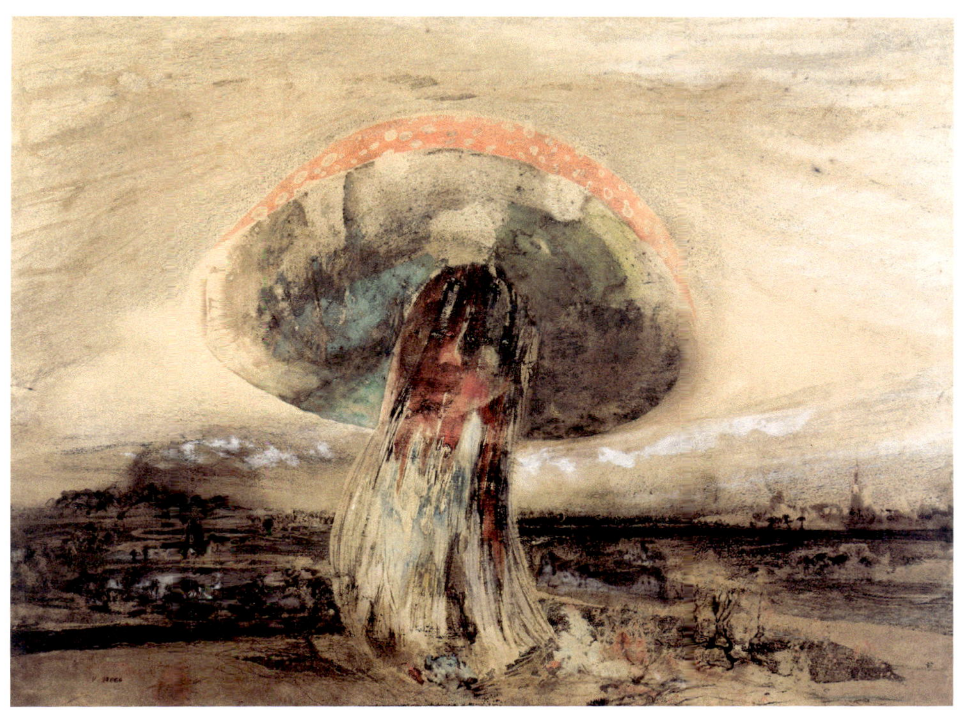

ill. 35
**Victor Hugo**
*Champignon*, 1850
Plume, pinceau, encre brune et lavis, fusain, crayon gras, rehauts de gouache verte, rouge et blanche, zones frottées, grattages, réserves, utilisation d'un pochoir
47,4 x 60,8 cm
MVH-D-812

sion créatrice du visionnaire, largement nourrie de fantasmes et de rêveries, fait surgir sur ses feuilles une *Ville morte*, ou une *Ville au bord d'un lac*, mais aussi, « car en art rien n'est laid », un *Champignon*, un coq, *Gallia*, une *Salière-Fontaine* (coll. part.). Chacun de ces sujets devient, le temps d'une œuvre, fantastique, mystérieux, surréaliste : « Beau, admirablement effrayant », dit Juliette du *Champignon* (13 octobre 1850). ill. 35

Enfin, cet été 1850 voit apparaître une création exceptionnelle par sa taille, mais surtout par sa technique et son sens profond : *Le Burg à la croix*. Véritable chef-d'œuvre de la production graphique de Victor Hugo, il constitue aujourd'hui le joyau de la collection du musée – « sa *Joconde* », dit Pierre Georgel. On y voit une croix processionnelle, surprenante et spectrale, se dresser au premier plan d'un paysage très métaphorique, dans lequel on discerne un château fantomatique aux murs lépreux et un vieux pont rompu : « [Hugo] excelle à mêler, dans des fantaisies sombres et farouches, les effets de clair-obscur de Goya à la terreur architecturale de Piranèse ; il sait, au milieu d'ombres ill. 36

**ill. 36**
**Victor Hugo**
*Le Burg à la croix*,
1850 et 1871 (cadre)
Crayon de graphite, plume, pinceau, encre brune et lavis, lavis d'encre noire, fusain, crayon gras, rehauts de gouache blanche, rehauts d'or, zones frottées, réserves, utilisation de pochoirs
72,3 x 125,8 cm
MVHP-D-40

menaçantes, ébaucher d'un rayon de lune ou d'un éclat de foudre, les tours d'un burg démantelé… » (Théophile Gautier, 1862).
À mi-chemin entre le rêve et la réalité, ces paysages ténébreux, que des effets de grattages, de superpositions, de transparences et de dilutions rendent indistincts et mystérieux, plantent dès lors le décor de l'œuvre graphique. La charge poétique du dessin prend, durant ces mois-là, le relais d'une écriture en sommeil et traduit avec ses moyens propres, en cette période de conflit politique, des sentiments mêlés de doute, d'inquiétude et de solitude.
Simultanément, embrassant cette fois le cosmos tout entier, le pinceau halluciné du penseur couvre les feuilles de planètes et d'astres, de formes presque abstraites, qui semblent flotter dans l'espace sous une clarté lunaire (*Taches Planètes*, coll. part.).

**« Le banni debout sur la grève, contemplant l'étoile et le flot… »**
(Victor Hugo, *Les Châtiments*, Livre I, I)
Loin d'être une fin, la rupture de l'exil engendre une efflorescence de l'ensemble de la création hugolienne, de l'écriture à la photographie et au dessin, jusqu'à celle, assez inattendue mais circonstancielle, de la décoration d'intérieur.

À Jersey, l'œuvre graphique de Hugo s'enrichit d'expériences : la courte période des séances des tables parlantes en 1853, la révélation du potentiel du médium photographique et, enfin, la contemplation de « cet immense rêve de l'océan », qui se poursuivra tout au long de l'exil et culminera à Guernesey lors de la rédaction des *Travailleurs de la mer* et de *L'homme qui rit*.
Le musée ne possède pas d'œuvres directement liées aux séances de spiritisme, mais certaines d'entre elles peuvent en avoir été inspirées : ainsi, dans l'*Album de Juliette*, cadeau de Hugo à sa bien-aimée, le très énigmatique dessin intitulé *Portrait de Mlle Dédé* ou *Fraternité des races* (1855) évoquant le départ d'Adèle, la fille cadette de Hugo, pour la Barbade, où le lieutenant Pinson, son fol amour, est en garnison. L'album réunit aussi des portraits-charges, des rébus et des recherches calligraphiques autour des initiales de Victor et de Juliette qui rappellent quelque peu la composition très énigmatique et très aboutie du *Rébus amoureux pour Léonie d'Aunet*.
Le très beau *Marine Terrace* illustre remarquablement la maison de Jersey où, pour différentes raisons et de diverses manières, le médium photographique va jouer un rôle important dans l'œuvre de Hugo. Nous retiendrons ici l'aspect purement technique qui amène le dessinateur à s'inspirer d'un négatif photographique. Une œuvre exemplaire à cet égard est *Brise-lames à Jersey*, alternative dramatisée à la prise de vue de Charles Hugo, *Le Dick*, inspirée, ainsi que l'avait révélé Pierre Georgel, de l'observation de la plaque de verre. Là encore, Hugo ne se suffit pas de la « chose vue », mais opère des modifications ill. 37

**ill. 37**
**Victor Hugo**
*Brise-lames à Jersey*,
1854
Plume, pinceau, encre brune et lavis, lavis d'encre noire, fusain, rehauts de gouache blanche, réserves, zones vernies, zones frottées sur papier beige
28,9 x 45,7 cm
MVHP-D-127

optiques en rapprochant, comme par effet de zoom, les grands troncs d'arbres et en supprimant la grève, de même que sa propre silhouette que l'on distingue sur la photographie. La digue ainsi revisitée se transforme en un colossal ossuaire se dressant vers le ciel.

La photographie, avec ses effets contrastés entre le négatif et le positif, conduit aussi Hugo à une nouvelle technique, dont les séances de jeux avec ses enfants lui avaient donné une certaine maîtrise : celle des
ill. 38 pochoirs et des papiers découpés (*Souvenir*).

En 1854, le proscrit fidèle à ses engagements saisit, dans une brûlante actualité, l'occasion de clamer son opposition à la peine capitale avec quatre versions d'un *Pendu*, dont deux sont conservées au musée. Chacune de ces œuvres majeures donne le même frisson et restitue la vision tragique d'un corps pendu à une potence dans une solitude pesante et une atmosphère d'une terrifiante noirceur. Au loin, une ville se profile, troublant écho à l'appel à la clémence adressé par Hugo aux habitants de Guernesey : « [...] vous êtes des spectres. Vous êtes les choses de la nuit, rentrez dans la nuit. Est-ce que les ténèbres offrent leurs services à la lumière ?... » Sur l'un de ces dessins apparaît à la
ill. 39 gouache blanche le mot « *ECCE* », qui rattache avec plus de force encore cet ensemble à la Passion du Christ.

En 1857, Hugo alors à Guernesey revient sur ce thème avec un
ill. 40 autre dessin saisissant : *Justitia*. Cette fois, entre les montants d'un échafaud, une tête hagarde s'élève dans le ciel, sous la froide lumière d'une sphère lunaire : « Espèce de lucarne ouverte sur de l'ombre/cette tête était blême il en tombait du sang » (« Révolution »). Et ce sang sur le sol trace entre les pavés les lettres du mot « *Justitia* ».

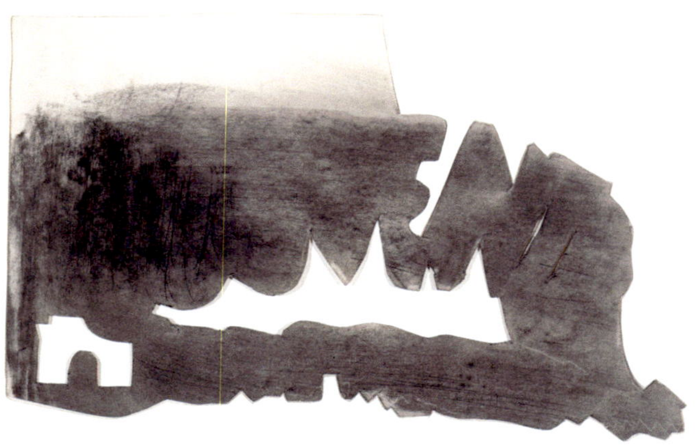

**ill. 38**
**Victor Hugo**
*Souvenir*, 1864
Pochoir utilisé à l'encre noire et au fusain, et comportant des traces d'encre brune, papier découpé dans un papier beige
13,7 x 22,3 cm
MVHP-D-2648

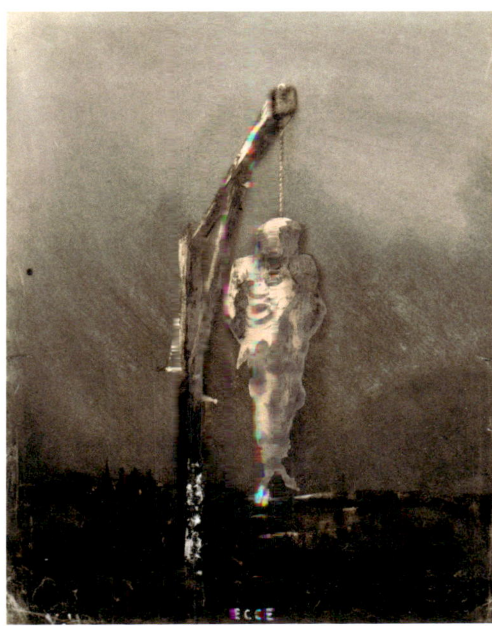


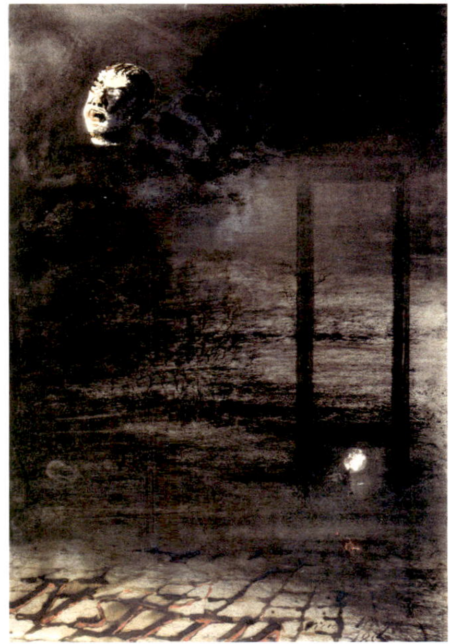

Ces visions, dont l'horreur est dramatisée par la volonté de convaincre, sont autant de résurgences des visions de cauchemar du jeune Hugo se rendant à Madrid en 1811, ainsi que de celles des suppliciés de Goya. En 1854-1855, le peintre avait déjà trempé son pinceau dans le sang pour écrire le nom du grand inquisiteur espagnol Torquemada au-dessus d'un charnier rappelant cet ossuaire du *Brise-lames à Jersey*, qui, lui, se dressait debout dans la tempête. Cette œuvre fournit aussi un intéressant exemple de l'antériorité, parfois avérée, du dessin sur l'écrit, Hugo ne devant rédiger son drame éponyme qu'en 1869, pour son « Théâtre en liberté ».

*Ego Hugo* pourrait être le titre d'un ensemble de dessins qu'inspire le début de l'exil à Jersey, en 1852, et dans lesquels le nom du poète s'impose soudain comme un élément de la composition.

Si ce procédé anticipe une démarche que développeront des artistes du XX^e^ siècle (Max Ernst, Kurt Schwitters, Raoul Hausmann…), dans le cas du proscrit, on perçoit, à travers ces signatures flottant dans un espace sans frontière, la volonté de rappeler son combat et d'afficher son nom tel un défi lancé à l'oubli. Les titres qu'il donne alors à ses œuvres sont volontairement porteurs de sens (*Umbra mei*, *Exil*, *13^e^ année d'absence*). ill. 43

**ill. 39**
**Victor Hugo**
*Ecce*, 1854
Plume et pinceau, encre brune et lavis, lavis d'encre noire, fusain, rehauts de gouache blanche, réserves sur papier beige
41,6 x 32,5 cm
MVHP-D-124

**ill. 40**
**Victor Hugo**
*Justitia*, 1857
Crayon de graphite, plume, pinceau, encre brune et lavis, lavis d'encre noire, fusain, rehauts de gouache rouge, réserves, zones frottées sur papier beige
53,4 x 35 cm
MVHP-D-966

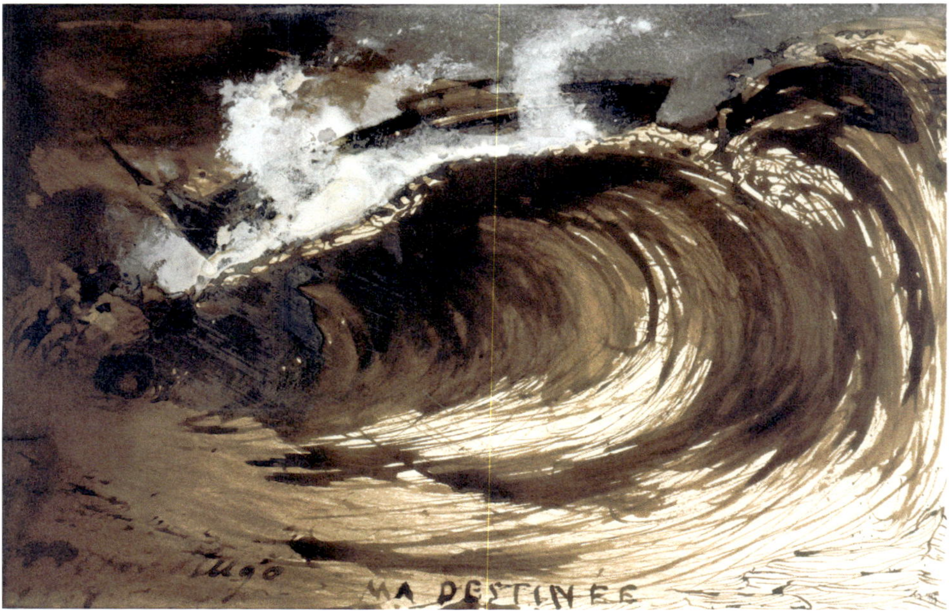

**ill. 41**
**Victor Hugo**
*Ma destinée*, 1867
Plume, pinceau, barbes de plume et encre brune, gouache blanche, avec empreinte de papier découpé (?), sur papier vélin
17,4 x 25,9 cm
MVH-D-927

Alors que la gamme chromatique de l'artiste a, jusqu'alors, essentiellement joué sur les blancs et les noirs, et sur les lavis d'encre couleur de ténèbres, elle s'empourpre pour mettre « ce nom combattant » en lumière. Hugo enverra souvent ces compositions en étrennes à des amis et à des proches. Le musée en conserve un certain nombre. Ces signatures conquérantes embrassant l'espace, des forteresses chancelantes ou des châteaux imaginaires, sont à mettre en rapport avec des recherches graphiques d'une évidente gravité, où les lettres du nom proscrit apparaissent

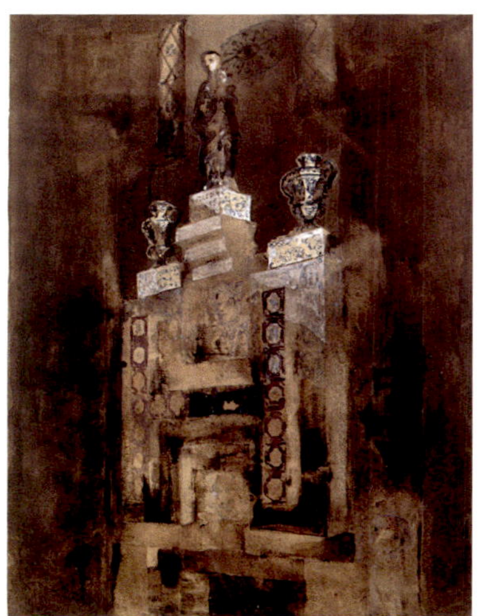

**ill. 42**
**Victor Hugo**
*Cheminée de la salle à manger de Hauteville House*, 1861
Crayon de graphite, plume, pinceau, encre brune et lavis, lavis d'encre noire, fusain, rehauts de gouache rouge, réserves, zones rayées sur papier beige
47,7 x 30,4 cm
MVHP-D-87

entrelacées, voire enchaînées (*Étude de lettres décoratives*), ou encore prises dans le réseau d'une empreinte de dentelles. Le doute alors s'estompe – il s'agit bien là pour Hugo d'un moyen d'évoquer cet exil dont il se veut prisonnier et qui le tient éloigné de la France.
On peut aussi percevoir un symbole analogue lorsque Hugo écrit son « nom naufragé » sur des galets rejetés par l'océan et qu'il ramasse sur la grève. Peut-être voit-il là un emblème de sa survivance à un naufrage, idéologique cette fois.
De même en est-il de *Ma destinée*, titre de l'image allégorique d'un bateau chahuté par une vague immense menaçant de l'engloutir et qui, dans une nébuleuse d'écume, poursuit sa route comme le proscrit son combat. De cette nature qu'il n'hésite pas à signer, ainsi que le feront plus tard des artistes et écrivains surréalistes, de Mallarmé à Breton ou Brauner…, il passe aux murs de sa maison ou de celle de Juliette, dans les éléments du décor qu'il ordonne pour elle à Guernesey.

ill. 41

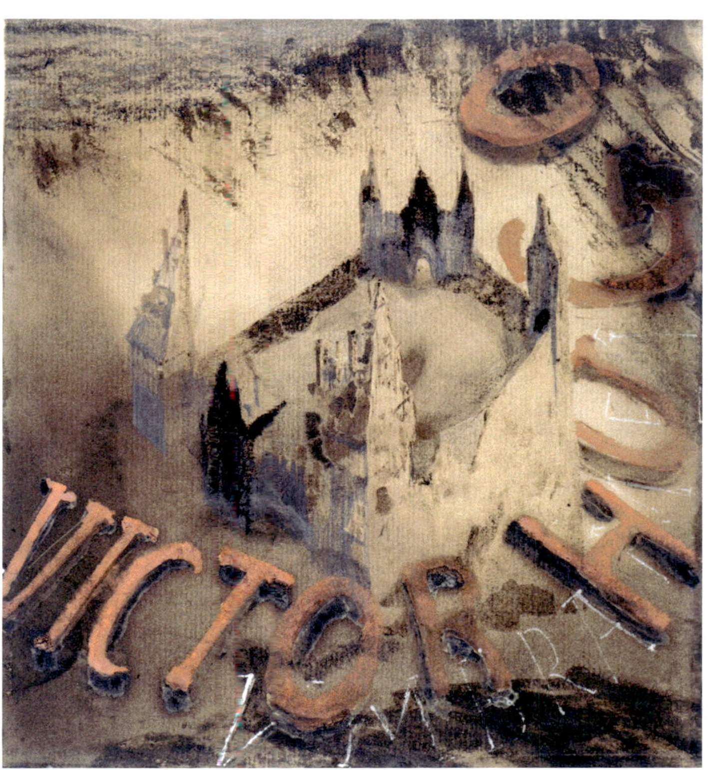


**ill. 43**
**Victor Hugo**
*Umbra mei*, vers 1852
Plume et pinceau, encre brune et lavis, crayon de graphite, crayon gras, rehauts de gouache rouge et blanche, réserves sur papier vergé beige
19,5 x 17,8 cm
MVHP-D-925

Trois grands dessins rappellent ici le « H » qui constitue l'essentiel de la composition du foyer de la cheminée de sa salle à manger à Hauteville House, comme ce sera également le cas pour celle du salon chinois de Juliette Drouet reconstitué au deuxième étage de ce musée et où les initiales du grand homme apparaissent de façon plus ou moins affichée dans de nombreux éléments. ill. 42

Durant l'exil, la technique de Hugo dessinateur s'enrichit de plusieurs procédés qui sont autant d'expérimentations : pochoirs, papiers découpés, empreintes, de dentelles notamment mais aussi de doigts et de feuillages. Un ensemble de dessins plus abstraits, aux techniques souvent novatrices, telles que le grattage et le frottage qui anticipent les paysages rocheux de Max Ernst, le jet d'encre sur la feuille ou sur des

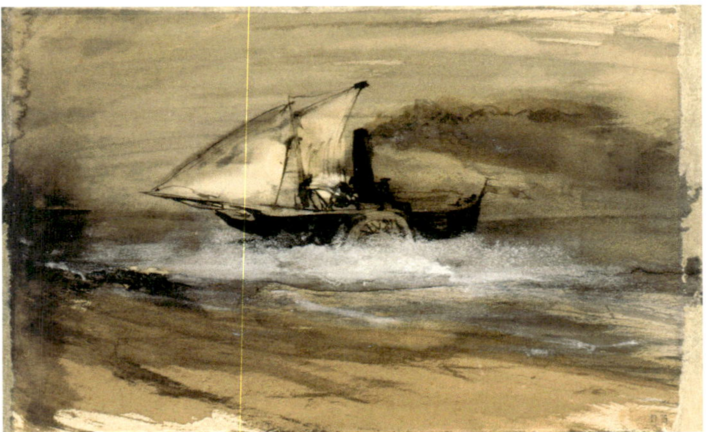

**ill. 44**
**Victor Hugo**
*La Durande*,
1864-1866
Plume, pinceau, barbes de plume et encre brune, encre noire indélébile avec rehauts de gouache blanche sur papier vélin
17,2 x 26,8 cm
MVHP-D-88

lames de parquet, révèle l'insolente évolution d'une œuvre annonçant sans y penser l'art moderne.

C'est aussi la période où l'interpénétration de l'œuvre graphique et de l'œuvre littéraire est la plus forte. Ainsi, le grand dessin *L'Intestin du Léviathan* reprend-il le nom de l'un des chapitres des *Misérables* (1862), tandis que des portraits plus tardifs de personnages du roman – *Thénardier*, *Gavroche* ou *Navet* – en prolongent l'univers. Mais sans nul doute, le roman de l'exil le plus ancré dans l'univers graphique de son auteur est *Les Travailleurs de la mer* (1866), car jaillissent alors nombre de marines ou de sujets marins. Néanmoins, il n'est pas toujours aisé de savoir si ceux-ci anticipent ou succèdent à la rédaction, comme s'il s'agissait là d'un travail à deux mains : celle qui écrit et celle qui dessine, chacune déversant sur la feuille une

ill. 45
**Victor Hugo**
*Le Phare des Casquets*, 1866
Plume, pinceau, barbes de plume, encre brune et lavis, lavis d'encre noire, fusain, crayon gras, rehauts de gouache blanche, réserves sur papier beige
89,8 x 48 cm
MVHP-D-185

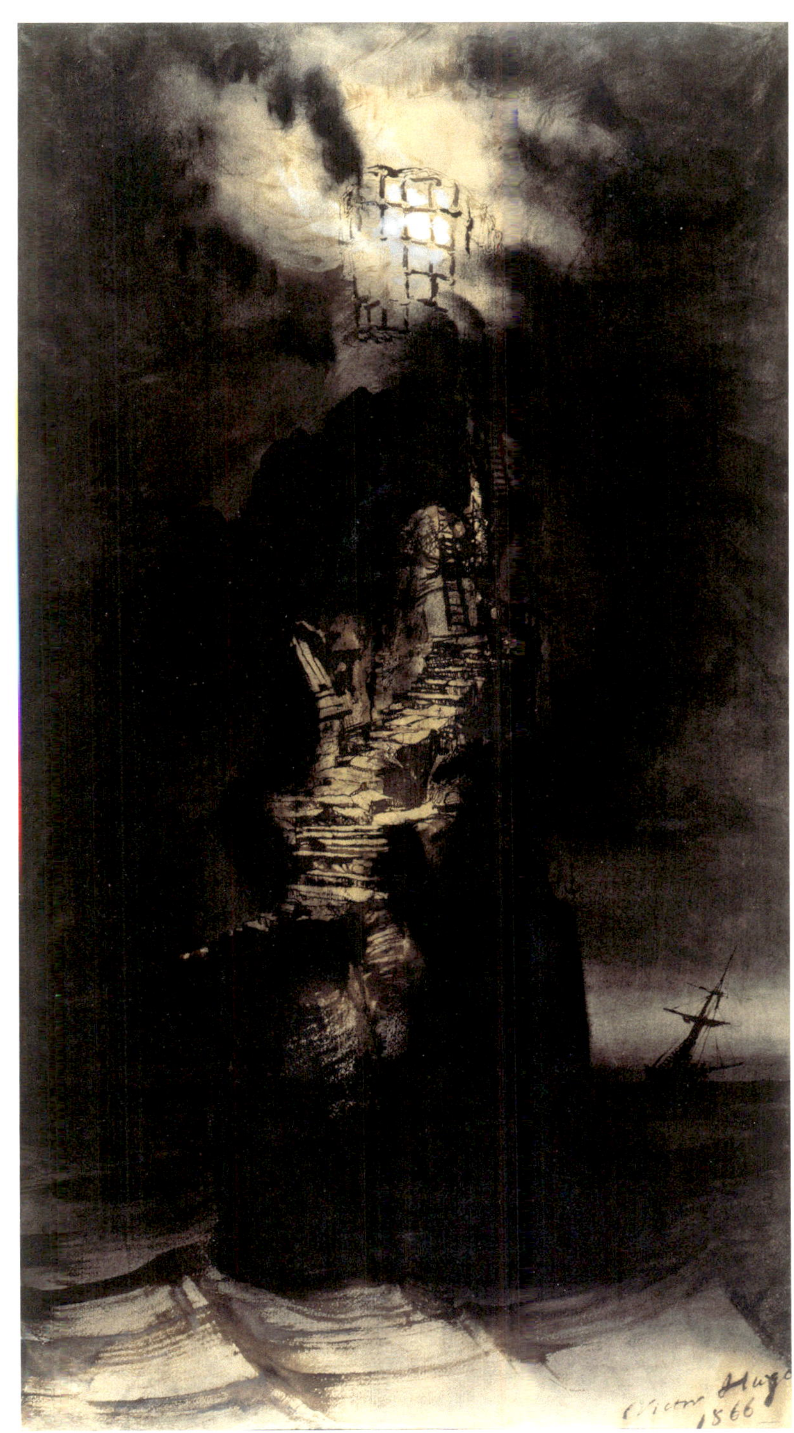

même encre brune. Sans doute désireux d'accentuer la relation qu'il voit entre les deux moyens d'expression, Hugo truffe son manuscrit de dessins (BNF). Mais, curieusement, là encore, il apparaît que
ill. 44 certains d'entre eux n'ont pour seul lien avec le récit que celui de la thématique.

Deux œuvres magistrales dominent dans la collection du musée cet ensemble de sujets marins, de Durande en proie aux convulsions de
ill. 45 l'océan : *Le Phare des Casquets* et *Le Phare d'Eddystone*, cette fois à mettre en relation avec *L'homme qui rit*. « En dehors du drame, mais pas du sujet », ces deux architectures de la nuit offrent une grandiose alternative au récit. Subissant de tout côté les assauts des flots en fureur, ces phares, qu'un faible halo de lumière signale autant qu'il les déconstruit, apparaissent aux yeux du marin désemparé comme une providence ou comme un ultime écueil. Dans un saisissant effet de clair-obscur, digne de Piranèse, *Le Phare des Casquets* semble, « telle la chandelle du sépulcre », incarner à lui seul la fatalité de l'irrévocable.

En dehors des frontispices – et l'on mentionnera ceux exécutés pour *Le Rhin*, *Les Burgraves*, *Les Chansons des rues et des bois*, *Les Travailleurs de la mer* (BNF) –, peu de dessins peuvent sans risque être mis en relation avec l'œuvre écrit. Citons donc, avec le remarquable frontispice de *La Légende des siècles*, daté de 1859, la très belle feuille
ill. 46 au titre éponyme, pour laquelle, comme il le fera en 1871 pour *Le Burg à la croix*, Hugo conçoit un cadre en bois pyrogravé et vernis. En 1859, il réalise d'autres cadres du même type pour des dessins antérieurs à l'exil, des souvenirs de ses voyages, qu'il accrochera chez lui à Hauteville House, dans l'intimité de la salle de billard. Cet ensemble se trouve aujourd'hui dans le musée parisien.

### L'œuvre ultime

En 1861, Victor et Juliette renouent avec les voyages auxquels ils avaient pratiquement renoncé en 1843, à la mort de Léopoldine. Ces déplacements suscitent un renouveau de l'œuvre graphique et, comme ceux des années 1840, inspirent à Hugo jusqu'en 1871 de très belles feuilles, dont le musée est riche. Cette fois, il ne s'agit plus d'images mentales, mais d'un retour à la réalité objective. Une technique souvent très élaborée, où se retrouvent toutes ces « mixtures bizarres » propres à l'artiste, se met au service de la « chose vue ». La Maison de Victor Hugo conserve un bel ensemble de dessins des voyages en Suisse, puis au Luxembourg en 1863, ainsi que d'autres plus tardifs, presque ultimes, réalisés sous la Commune en 1871 par Hugo, alors exilé volontaire en Belgique et au Luxembourg. Cette fois encore,

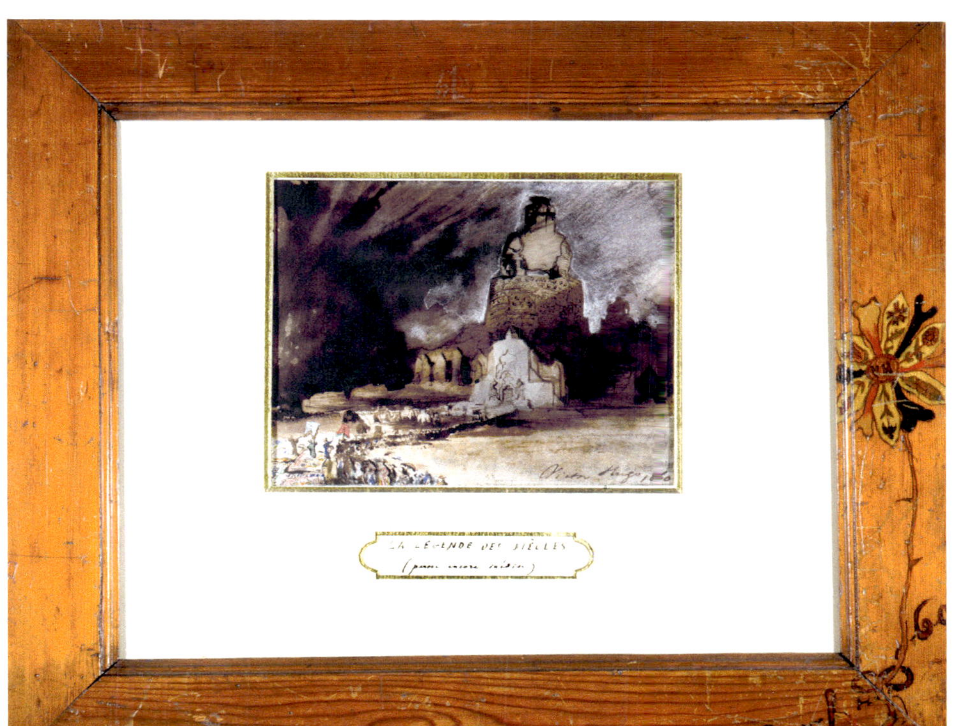

**ill. 46**
**Victor Hugo**
*La Légende des siècles (partie encore inédite)*, 1860
Plume et lavis d'encre brune, fusain, aquarelle, gouache sur papier vélin
18 x 22,9 cm
MVHP-D-137

l'écrivain offre un exemple de la convergence de ses moyens d'expression, en publiant en 1872 *L'Année terrible*.

Après cette date, les voyages cessent, en dehors des séjours à Guernesey (1871-1873 et 1875), et la création littéraire et graphique se tarit. Entre 1864 et 1869, parallèlement aux têtes d'hommes liées aux *Travailleurs de la mer* (*Figures que font les paysans quand ils voient les sarregousets* [BNF], *Gilliat*), Hugo, comme pour boucler une boucle, a renoué avec la caricature. Apparaît alors, vers le début de 1870, un curieux récit graphique intitulé *Poème de la sorcière*, dans lequel l'auteur s'insurge à nouveau contre la justice des hommes et, rappelant *L'homme qui rit*, délivre un ultime plaidoyer en faveur de l'abolition de la peine de mort.

Si, après l'exil, son vocabulaire technique et formel ne s'enrichit plus vraiment, l'encre continue à déverser sur la feuille sa « noirceur qui fait de la lumière », ainsi qu'en témoignent jusqu'en 1871 des taches

**ill. 47**
**Victor Hugo**
*Composition abstraite,*
1864-1869
Encre brune et lavis,
barbes de plume
sur papier beige
13,3 x 24,3 cm
MVHP-D-2428

**ill. 48**
**Victor Hugo**
*Le Burg et le Château de Vianden au clair de lune,* 1871
Plume et lavis d'encre brune et d'encre violette, crayon de graphite, grattages, utilisation d'un pochoir sur papier vélin
25,5 x 35,1 cm
MVHP-D-5

ill. 47 (*Composition abstraite, Château sur la colline*), des paysages de mer en 1871 (*Le Clocher dans la dune*) et de très beaux paysages de l'été
ill. 48 à Vianden (*Le Burg et le Château de Vianden au clair de lune*).

Ainsi la Maison de Victor Hugo témoigne-t-elle, souvent de manière éclatante, de l'ampleur et de la variété de l'œuvre graphique de l'écrivain, dont l'importance ne cesse de s'affirmer, même si elle demeure dans l'ombre de sa rayonnante aînée. Le musée, à travers les nombreuses expositions qu'il lui a consacrées ces dernières années, contribue à cette mise en lumière.
Il est vrai que « le bonhomme » ayant tout autre chose à faire n'a jamais beaucoup défendu les talents du dessinateur. Il préférait les garder un peu comme des secrets dans l'univers de son intimité. Là, sans entrave ni souci de postérité, il s'est laissé librement emporté par ses rêveries et ses fantasmes, ne reculant devant aucune audace technique ou formelle. Ceci, plus tard, a contribué à faire voir en lui, par André Breton le premier, un véritable précurseur de l'art moderne. On repense alors à Victor Hugo refusant que ses « barbouillages » se prennent pour des dessins car ils risqueraient de cesser d'en être ! La preuve est faite aujourd'hui – pour une fois, le grand homme avait tort !

D. M.

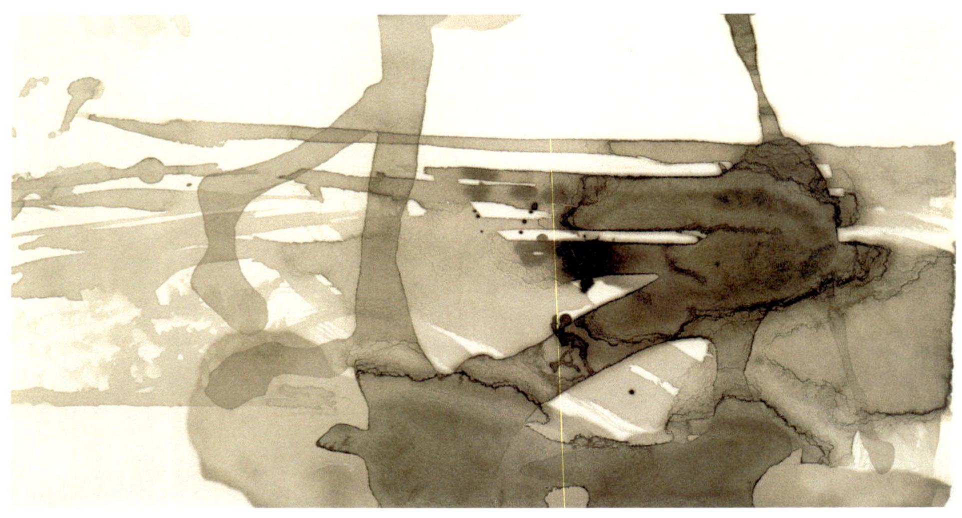

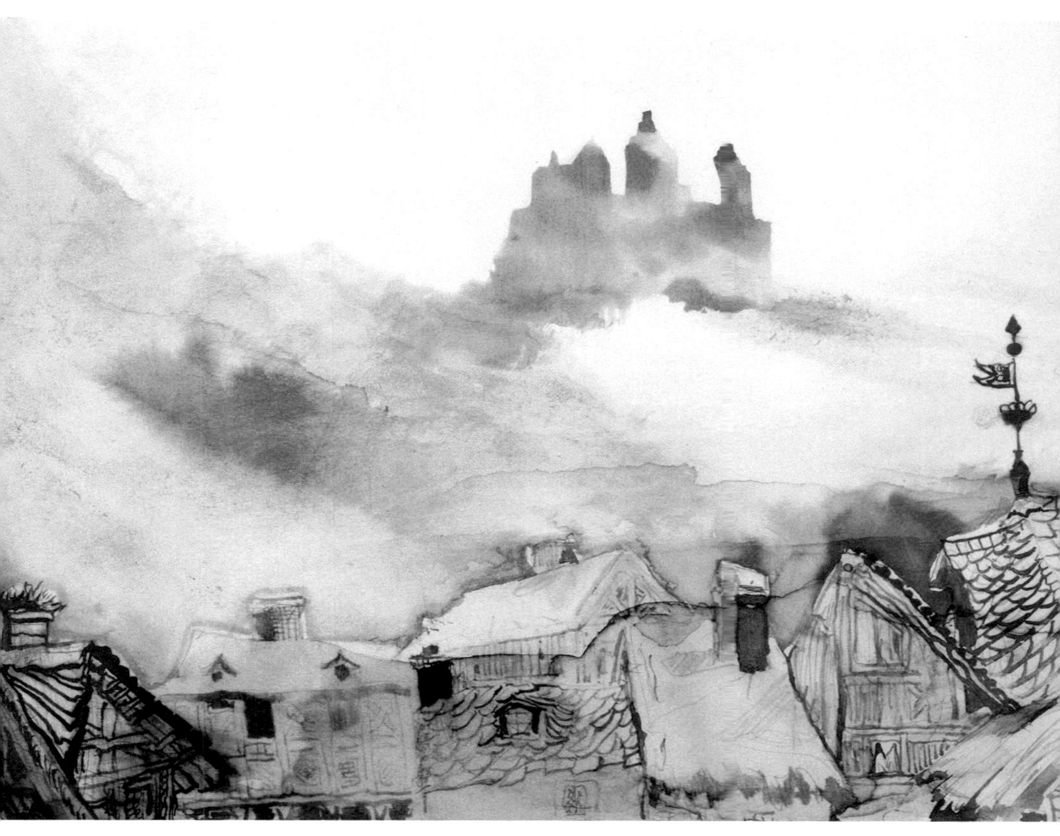

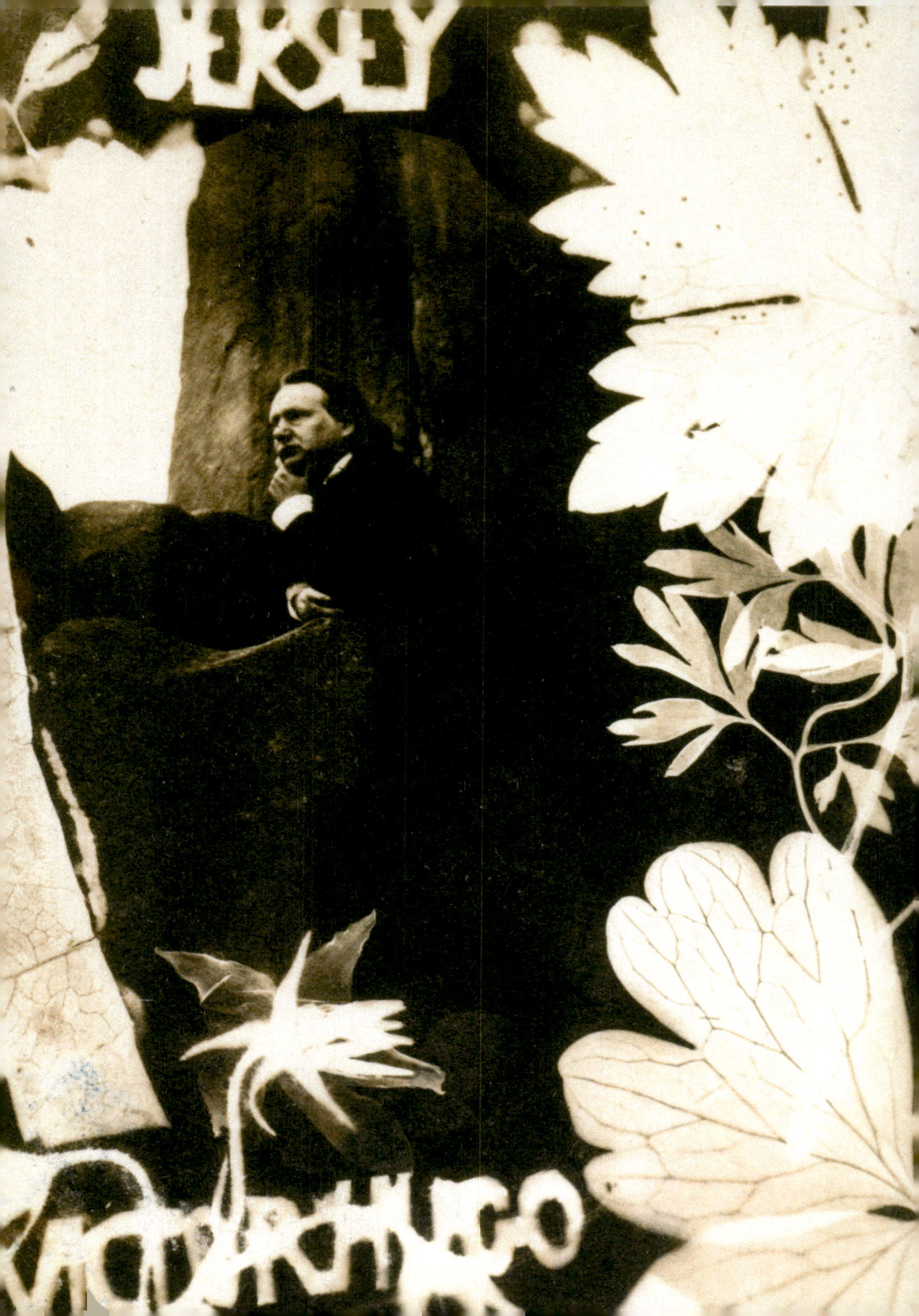
JERSEY
VICTOR HUGO

# Victor Hugo et la photographie

**« Permettez-moi d'y joindre, pour vous, mon portrait ; c'est un ouvrage de mon fils, fait en collaboration avec le soleil. Il doit être ressemblant… »**

Victor Hugo à Gustave Flaubert, 28 juin 1853

ill. 49
**Charles Hugo (1826-1871)**
*Victor Hugo sur le rocher des Proscrits* (détail), 1853-1855
Photographie sur papier salé, empreintes de papiers découpés/négatif verre au collodion
10 x 7,8 cm
MVHP-PH-2257,
*Album des Proscrits*, f° 47

Les photographies sont présentes dès l'ouverture du musée en 1903 grâce à la donation de Paul Meurice. D'autres, familiales notamment, comme celles de Georges et Jeanne en 1927, et de Jean Hugo en 1953, arrière-petit-fils du poète, sont venues étoffer le fonds aujourd'hui estimé à quelque cinq mille œuvres.
Couvrant essentiellement le XIX^e^ siècle, mais se déployant également jusqu'aux années 2000, la collection photographique concerne principalement Hugo et son entourage, sa descendance, ses amis, ses contemporains, les épisodes décisifs de sa vie, ainsi que les lieux où il vécut. Elle illustre aussi son œuvre romanesque et théâtral.
La partie la plus ancienne coïncide avec l'essor de la photographie et se compose de daguerréotypes, d'épreuves et d'albums réalisés à partir de 1852, pendant l'exil du poète à Jersey, puis à Guernesey. Elle se poursuit tout au long du XIX^e^ siècle à travers les clichés d'une photographie largement diffuse et de photographes célèbres comme Julia Margaret Cameron, Étienne Carjat, Félix Nadar, Arsène Garnier, Charles Marville, Pierre Petit, Charles Leballeur et Étienne Auzou…
pour se prolonger après la mort de Victor Hugo en hommage à son œuvre.

## À la conquête de la photographie

Période déterminante dans la vie et l'œuvre de Victor Hugo, l'exil marque en outre la véritable rencontre de l'écrivain avec la photographie. C'est pendant son séjour à Jersey, d'août 1852 à octobre 1855, que l'activité photographique est la plus intense. Il comprend très vite les intérêts de cette nouvelle discipline qui lui permet de ne pas se faire oublier et aussi de toucher un public plus large. Elle est également une manière d'occuper ses proches : Hugo ne tient pas l'objectif et confie ce travail à Charles, ainsi qu'à son disciple, Auguste Vacquerie, et dans une moindre mesure à Francois-Victor. Tous trois se lancent passionnément dans l'aventure et réalisent leurs premiers daguerréotypes dont le procédé, reconnu en France en 1839, resta dominant jusqu'au milieu des années 1850. Sa réalisation nécessite des connaissances techniques spécifiques, et c'est Jean-Jacques Sabatier, proscrit lui aussi, qui le premier enseigne à Charles l'art délicat de fixer l'image sur la plaque métallique.
Mais le véritable professeur s'appelle Edmond Bacot. Formé aux Beaux-Arts de Paris dans le même atelier que Charles Nègre et Gustave Le Gray, installé à Caen, républicain convaincu, Bacot débarque à Jersey en décembre 1852 avec ses photographies destinées à une vente de charité en faveur des proscrits. Ces dernières impressionnent beaucoup Hugo, qui apprécie la clarté des détails et les effets d'ombre et de lumière. Une amitié se noue entre les deux hommes, tant sur le plan artistique que politique. Profondément touché par cet accueil, Edmond Bacot renvoie d'autres clichés en janvier 1853. Hugo lui répond le 10 février : « Vous m'envoyez, Monsieur, des merveilles : nous les admirons en attendant que nous puissions les imiter. Mon fils, qui désirant vous suivre, ne fût-ce que de très loin, vous demande une bonne leçon [...]. Les épreuves que vous m'envoyez sont plus belles encore que celles que vous nous aviez apportées. Les quasi nouvelles sont des chefs-d'œuvre [...], tout y est. Je félicite le soleil d'avoir un collaborateur tel que vous. » Charles se rend chez Bacot dès le printemps 1853 pour se perfectionner, puis revient à Jersey où l'activité photographique connaît alors un fort développement à *Marine Terrace*.

### L'*Atelier de Jersey*

Ainsi nommé en référence à l'atelier photographique installé dans la serre de *Marine Terrace*, l'*Atelier de Jersey* regroupe les daguerréotypes et les clichés sur papier salé réalisés entre 1852 et 1855. Sur les neuf daguerréotypes que possède le musée, cinq en sont issus.

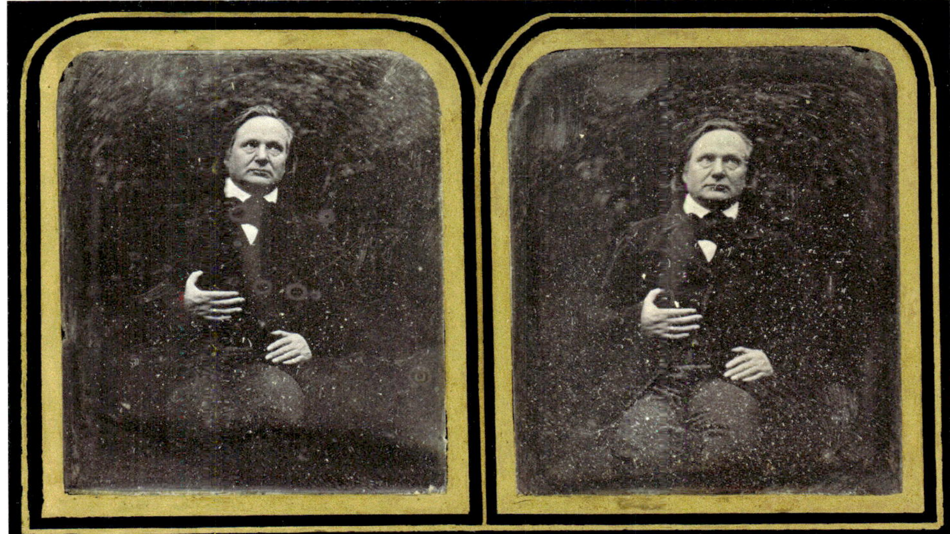

**ill. 50**
Attribué à
**Charles Hugo (1826-1871)**
*Portrait de Victor Hugo*, 1853-1854
Daguerréotype stéréoscopique
9 x 17,8 cm
MVHP-PH-2008-1-1

Deux proviennent de la centaine de plaques probablement exécutées entre novembre 1852 et mai 1853 : le premier est un portrait de Hugo de profil et le deuxième le montre avec son fils Charles devant la serre. Les deux suivants sont des portraits des proscrits Pierre Leroux et le général Le Flô. Le cinquième, attribué à Charles, est l'unique exemplaire d'un daguerréotype stéréoscopique daté de 1853, acquis en 2008, représentant Victor Hugo, dont les deux portraits ne sont pas exactement identiques. ill. 50

Les épreuves sur papier salé, bien plus nombreuses – le musée en dénombre cent quatre-vingts sur les trois cent cinquante existantes – constituent le fonds le plus important de tirages isolés parvenus jusqu'à nous grâce à Auguste Vacquerie, lequel les confia à Paul Meurice. Ce sont principalement des portraits de Victor Hugo, de sa famille (aucun de Juliette Drouet) et de ses amis proscrits. Une quarantaine de prises de vue sont des paysages de l'île et une quinzaine concernent *Marine Terrace*. Hugo envoie ces premiers portraits à des correspondants dès l'été 1853. Certains serviront aussi de cartes d'étrennes. D'autres se retrouvent dans des albums et des livres illustrés. Comme l'a montré Pierre Georgel, trois attitudes dominent dans ces clichés de Hugo : celle du proscrit, seul debout sur son rocher, regardant le large ; celle du poète et du penseur, la main tenant sa tête penchée ; celle de l'homme politique engagé, la main dans son gilet, à la façon de Napoléon. ill. 51

Ainsi, Victor Hugo se met-il en scène à travers des postures qui ne laissent rien au hasard. La maîtrise de son image va de pair avec le message qu'il veut délivrer à travers elle. En outre, l'univers de la photographie lui offre des perspectives plastiques nouvelles, proches des expériences graphiques auxquelles il se livre déjà.

### Les « albums photographiques »

Parmi les treize albums recensés à ce jour, deux sont conservés au musée : l'*Album des Proscrits* et l'*Album Allix*. Les autres se trouvent dans différentes collections publiques françaises (BNF, musée d'Orsay) ou sont encore en mains privées. Ils sont tous uniques, même s'ils regroupent souvent les mêmes clichés de l'*Atelier de Jersey*, parfois agrémentés de dessins, d'autographes, voire d'autres photographies. La figure de Victor Hugo y est prédominante par la quantité et l'emplacement de ses représentations. L'*Album des Proscrits* est l'un des seuls à avoir été composé à Jersey au fur et à mesure de la production photographique. Constitué par la famille Hugo et par Victor lui-même, il contient soixante épreuves – au rythme d'une par page –, toutes datées des années 1853-1855, prises par Charles et Auguste Vacquerie. Les nombreux portraits de l'écrivain, ceux de ses deux fils et de sa femme, les rares de sa fille Adèle, les autoportraits de Vacquerie, ceux de ses amis proscrits et quelques clichés de *Marine Terrace* sont embléma-

ill. 49

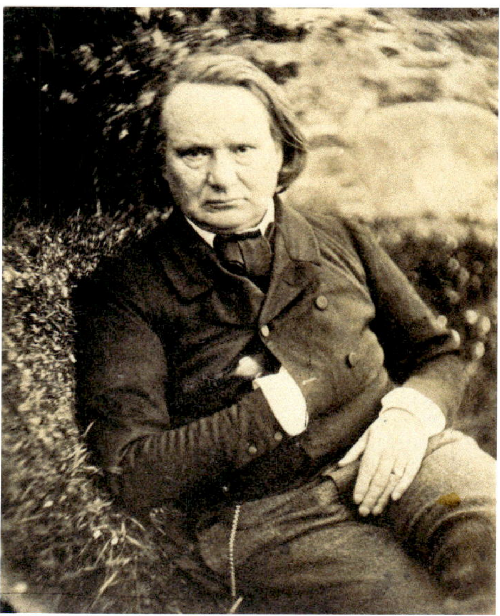

**ill. 51**
**Charles Hugo (1826-1871)**
***Atelier de Jersey***
*Victor Hugo à Jersey*, 1853-1855
Photographie sur papier salé/négatif verre au collodion
9,4 x 7,3 cm
MVHP-PH-2120

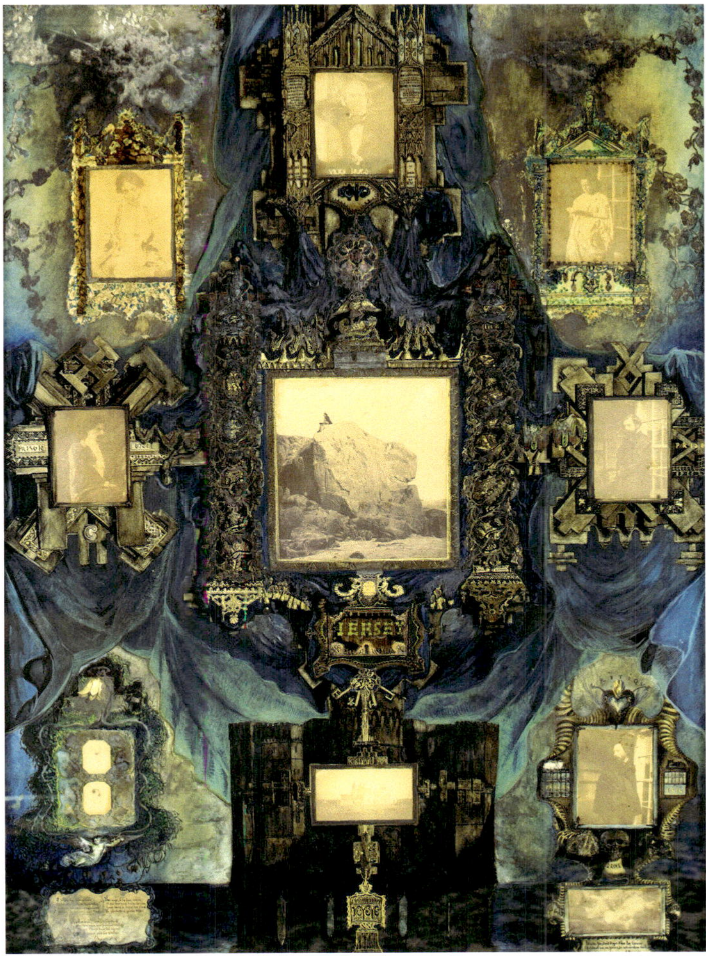

**ill. 52**
**Charles Hugo**
**(1826-1871)**
*Collage*, 1855-1856
Photographies collées
sur papier aquarellé
et encré
88 x 61 cm
MVHP-PH-3148

tiques de l'*Atelier de Jersey* et font tout l'intérêt de cet album grand format qui provient des descendants de Victor Hugo.

Arrivé à l'automne 1855 à Guernesey, Victor Hugo est requis par *Les Contemplations*, puis par l'aménagement de Hauteville House où un petit « cabinet noir » est installé. La production des clichés s'estompe cependant au profit de la création d'albums et de collages qui trouvent leur expression la plus accomplie grâce à Charles.

Ce dernier réalise en 1855 un grand *Collage* qui accompagnait le visi- ill. 52
teur dans la montée de l'escalier. Sur un fond aquarellé et sombre,

enrichi de dessins, d'enluminures et d'inscriptions, un portrait de Victor Hugo domine. Dix autres photographies de l'*Atelier de Jersey* incarnant les proches du poète (y compris Léopoldine, sous forme d'un dessin photographié) se détachent. L'ensemble forme un cercle dont il est aussi le centre.

Ce goût de la composition et du détail se retrouve dans l'*Album Allix* ou *Souvenir de Marine Terrace*. Richement illustré, il offre un magnifique exemple du travail de décoration effectué par Charles, où sur le frontispice au fond rouge éclatant se mêlent portraits photographiques ill. 53 découpés et dessins d'une grande finesse. Vraisemblablement assemblé à Guernesey à partir de 1856, il réunit des documents des années 1853 à 1860, dont surtout quelque cent vingt-cinq clichés parmi lesquels certains de l'*Atelier de Jersey*, une quarantaine pris à Guernesey et des photographies de voyage accompagnées d'envois. L'ensemble offre un témoignage unique du monde des proscrits et de la famille Hugo en exil. Il a été acquis en 2000 auprès des héritiers d'Augustine Allix, proche de la famille Hugo pendant leur séjour à Guernesey.

D'autres albums composites complètent le fonds du musée comme l'*Album Nicolle* ou *Album Joss* en référence à Joséphine Nicolle, belle-sœur d'un ami de Hugo, exilé lui aussi. Il fut donné en 1935 au musée par la nièce de cette dernière. Dans cet ensemble assez hétéroclite, commencé en 1858 par Vacquerie, sont insérés des photographies de l'*Atelier de Jersey*, de Hauteville House, des poèmes, ainsi que des documents plus tardifs et non identifiés. L'*Album Chenay* date de 1863 et inclut surtout des gravures des dessins de Victor Hugo faites par son beau-frère, Paul Chenay. Figurent également des tirages photographiques de Hauteville House, de Victor Hugo et de la famille Chenay (17), de même que des lettres autographes.

Parallèlement, le souhait de publier des textes illustrés de photographies se concrétise à partir de 1856. Il s'agit d'abord de livres imprimés, comme *Les Contemplations* et *Profils et grimaces* d'Auguste Vacquerie, pour lesquels il est bien plus qu'un simple opérateur photographique. Si Hugo supervise l'exemplaire des *Contemplations* offert à Paul Meurice, Vacquerie, pour sa part, conçoit celui destiné à M^me^ Hugo. Ce recueil, acquis en 1989, est enrichi de trente-quatre tirages photographiques, dont trente et un de l'*Atelier de Jersey*, parfois en rapport direct avec le texte (ill. 69), ainsi que de lettres autographes et d'une aquarelle de Louis Boulanger. Il en existe cinq exemplaires, tous destinés aux proches du poète et tous différents. *Profils et grimaces*, composé d'articles sur le théâtre et la littérature, publié

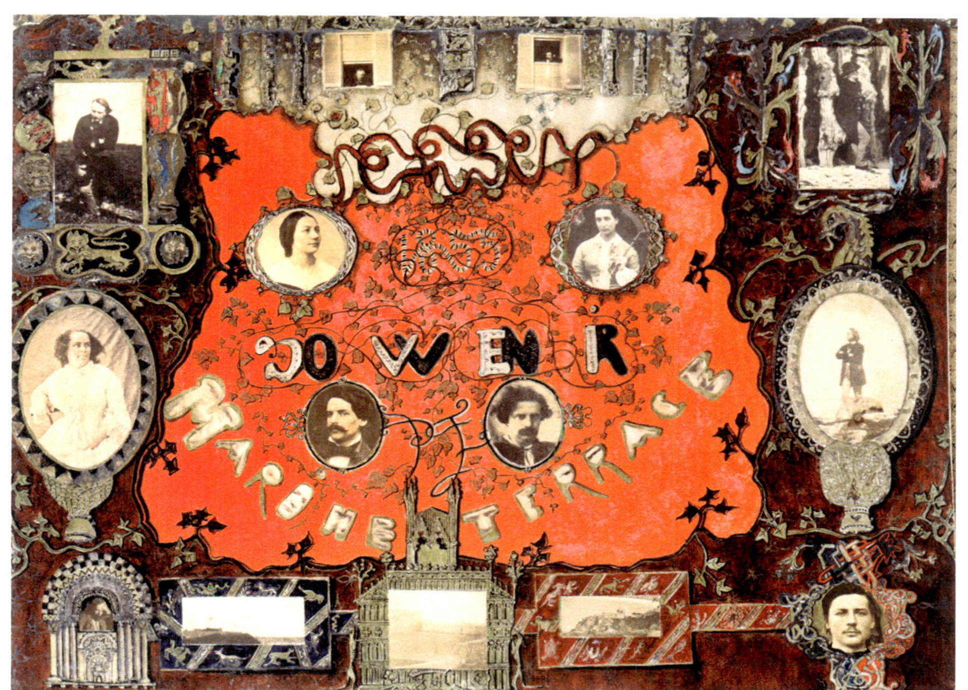


ill. 53
**Charles Hugo (1826-1871)**
*Frontispice de l'Album Allix*, 1856-1860
Photographies, encre et aquarelle
26 x 33,5 cm
MVHP-PH-2777

en juin 1856, un mois après *Les Contemplations*, est entièrement l'œuvre d'Auguste Vacquerie. Dédicacé par l'auteur à sa sœur en janvier 1857, cet exemplaire empreint de nostalgie regroupe une quarantaine d'épreuves de l'*Atelier de Jersey* collées directement dans le texte, cinq petits dessins de Victor Hugo découpés, mais aussi des photographies de dessins d'Eugène Delacroix et de tableaux de Louis Boulanger.
Viennent ensuite les albums de reportage. En 1860, Charles propose à l'éditeur Hetzel de faire publier un reportage photographique sur Hauteville House intitulé « Chez Victor Hugo par un passant », reprenant l'idée de la première publication avortée en 1853. C'est dans cette optique que les photographes Leballeur et Auzou viennent séjourner dans la maison en juillet 1860. Le projet ne verra pas le jour, mais l'*Album Nicolle* contient certains de leurs clichés. C'est finalement Edmond Bacot qui, à la demande de Victor ou de Charles, entreprend en 1862 le reportage de Hauteville House. Équipé d'un appareil stéréoscopique, léger et maniable, le photographe le réalise en deux semaines, prend cinquante-sept clichés. La Maison de Victor Hugo en

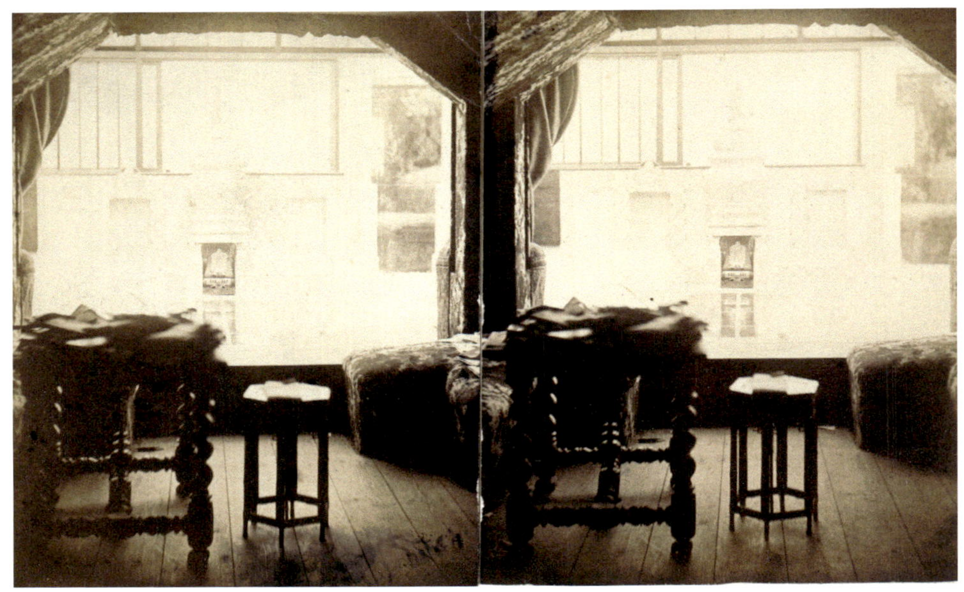

**ill. 54**
**Edmond Bacot**
**(1814-1875)**
*Le Look-Out à Hauteville House*, 1862
Photographie stéréoscopique sur papier albuminé
2 x (8,5 x 6,6 cm)
MVHP-PH-2585

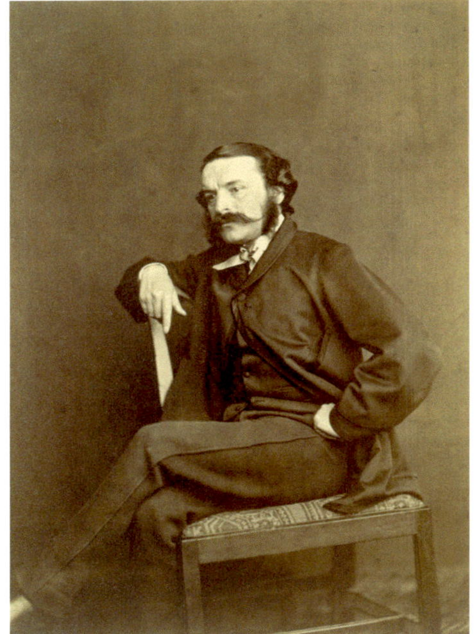

**ill. 55**
**Edmond Bacot**
**(1814-1875)**
*Portrait de François-Victor Hugo*, 1862
Photographie sur papier albuminé
25 x 18,8 cm
MVHP-PH-2558

possède vingt sur les vingt-neuf retrouvés (douze vues de la maison et dix-sept portraits), où le rôle du clair-obscur est essentiel. En 1863, le libraire Pagnerre, éditeur des *Contemplations* en 1856 et des *Misérables* en 1862, en publie quatorze, qui illustreront aussi en 1864 l'ouvrage de Charles Hugo, sous forme de gravures de Maxime Lalanne. L'ensemble offre le premier témoignage assez complet sur Hauteville House dont Jean Hugo fit don au musée en 1953. ill. 54 et 55

## Les photographes et Victor Hugo – fabrication d'une image

Au fil du temps, la photographie tient un rôle de plus en plus important dans le renforcement de l'image de Hugo et contribue à l'élaboration de son mythe. La diffusion de ses portraits en cartes de visite, conservés ici par dizaines, souvent repris dans la presse, et le succès de l'album photographique consacré aux *Misérables* en 1862 accroissent sa notoriété et celle de son œuvre.

À partir des années 1870, après avoir illustré la poésie et le roman, la photographie va immortaliser l'œuvre théâtral du poète et demeure le seul témoignage direct des représentations de cette époque.

Étienne Carjat et Nadar, déjà célèbres, y participent activement dès les années 1860. Partageant les opinions de l'écrivain engagé, une amitié réciproque se noue, ainsi que ce fut le cas avec Edmond Bacot.

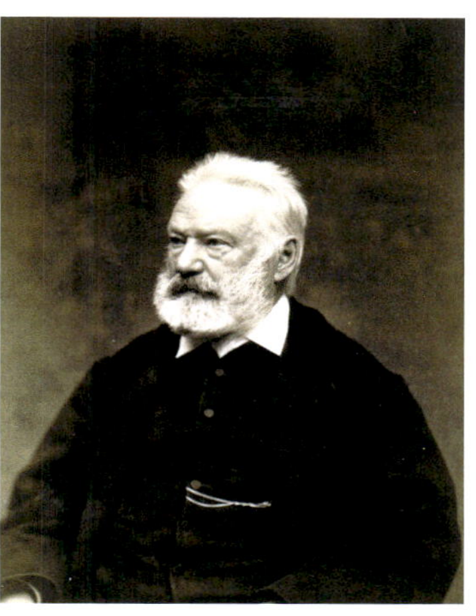

**ill. 56**
**Étienne Carjat (1828-1906)**
*Portrait de Victor Hugo*, 1873
Photographie sur papier albuminé
21,1 x 16,1 cm
MVHP-PH-2275

Le premier, républicain, élève de Pierre Petit, proche du monde littéraire et artistique, est considéré comme l'un des plus grands portraitistes de son temps. Ses portraits de l'écrivain sont parmi les plus expressifs et datent des années 1872-1874. Ils complètent les nombreux clichés et cartes de visite sur lesquels figurent les acteurs de *Marie Tudor* en 1873, *Notre-Dame de Paris* portée à la scène en 1879, et rendent inoubliables les interprétations de Sarah Berhnardt dans *Ruy Blas* en 1872 ill. 56

Quant au second, Victor Hugo est sensible à son talent et le félicite à plusiers reprises. Nadar réalise de nombreux portraits du poète et de ses proches (une quarantaine ici), du retour d'exil à la fin de sa vie, dans des poses identiques à celles des premières photographies – la permanence des attitudes confirmant sans doute celle des idéaux –, et fixe à jamais l'image d'un Victor Hugo patriarche, à la barbe et aux cheveux blancs, ancrée dans la mémoire collective. C'est à lui aussi que

**ill. 57**
**Nadar (Félix Tournachon, dit, 1820-1910)**
*Victor Hugo sur son lit de mort*, 1885
Photographie sur papier albuminé
19,2 x 24,4 cm
MVHP-PH-2281

**ill. 58**
**Julia Margaret Cameron (1815-1879)**
*Julia Jackson en « Stella »*, 1867
Photographie sur papier albuminé
29,3 x 24 cm
MVHP-PH-2593

**ill. 59**
**Gustave Le Gray (1820-1882)**
*La Vague*, vers 1857
Photographie sur papier albuminé
40 x 45 cm
MVHP-PH-4437

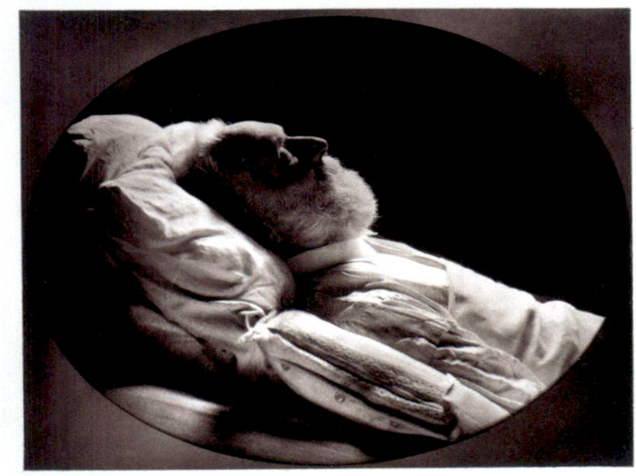

26 Février 1802 Victor Hugo 22 Mai 1885 NADAR

revint l'ultime hommage de prendre la dernière image du grand homme sur son lit de mort, dans un portrait de profil saisissant que la lumière capte pour la dernière fois et dont le musée possède plusieurs
ill. 57 exemplaires dans des formats différents.

D'autres clichés, sans lien direct avec le poète, viennent étoffer et com-
ill. 58 pléter le fonds. C'est le cas des vingt-neuf photographies de Julia Margaret Cameron, qui les envoie en 1870 à Hauteville House où elles restèrent jusque dans les années 1980. Cet ensemble, d'esprit préraphaélite et exclusivement consacré à la figure humaine, ne suscita pas de réaction particulière de la part de Victor Hugo qui l'a cependant conservé.

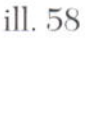

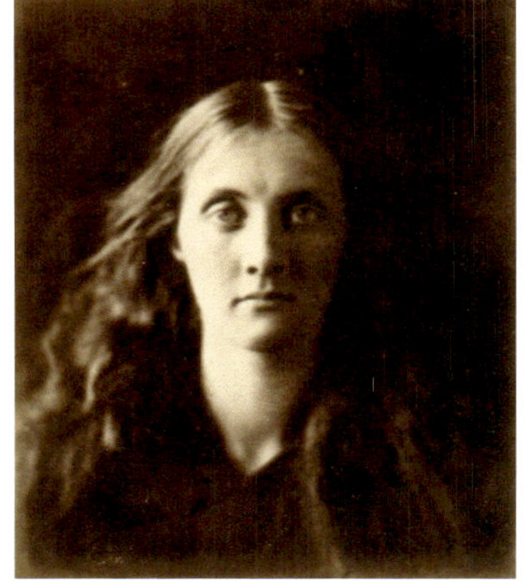

Dans un tout autre style, une marine de Gustave ill. 59
Le Gray, inédite, fut conservée à Guernesey jusqu'en 2005. Datant probablement des années 1857-1860, elle est emblématique de l'œuvre du photographe, qui, à l'instar de l'écrivain, « contemple le spectacle de la mer ». Elle n'est sans doute pas arrivée par hasard chez Hugo. Le Gray la lui envoya-t-il directement ou lui parvint-elle lors d'une visite d'Alexandre Dumas ? En écho, le magnifique portrait de ce dernier par Le Gray vient ici témoigner de leur amitié, mais aussi de la proximité entre les sphères littéraire et artistique.

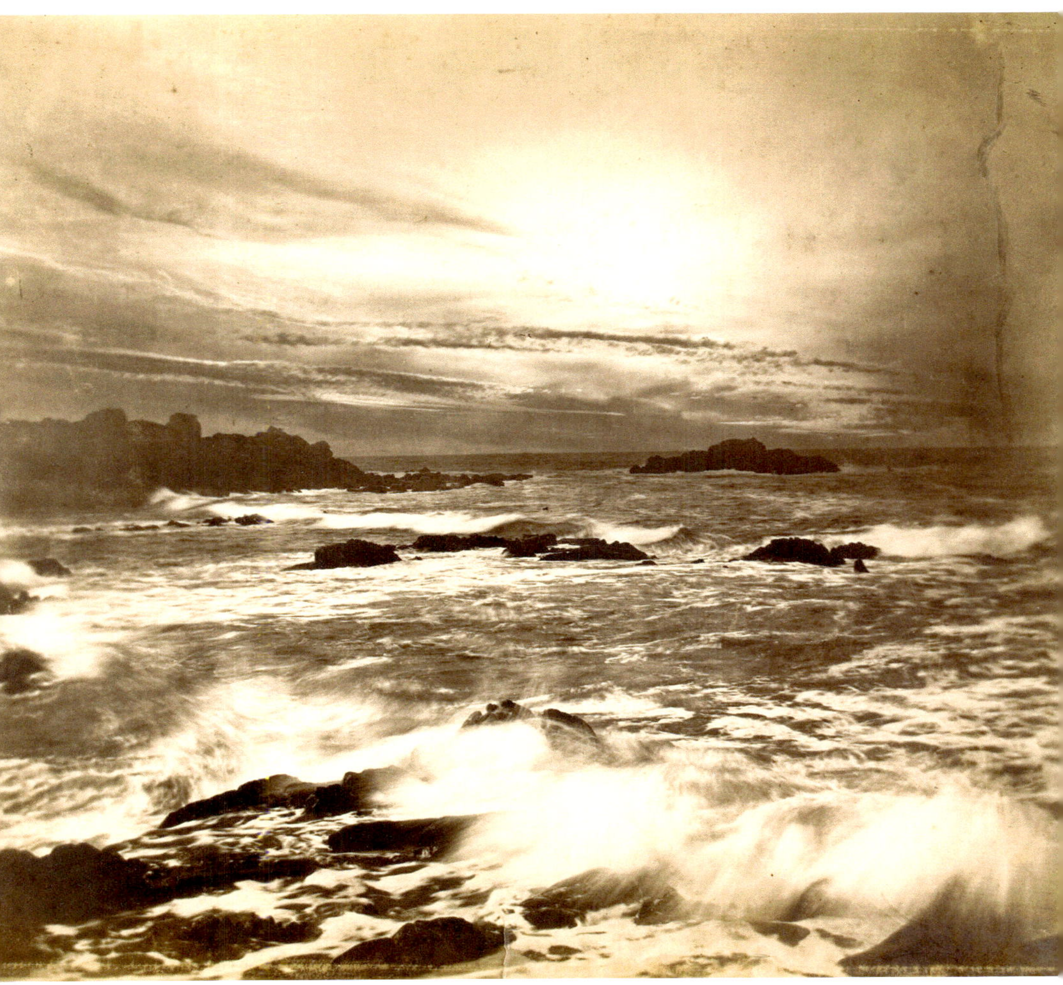

**ill. 60**
**Joël Laiter**
*« Mater, Pater, Filius »*
Photographie couleur sur papier Dyson
26,8 x 39,8 cm
MVHP-PH-4395

**ill. 61**
**Olivier Mériel**
*Hauteville House, l'escalier, mardi 17 mars 1998, 13 h-14 h 15*
Photographie par contact papier
37,5 x 28,5 cm
MVHP-PH-2644

## Photographies de l'absence

Cet intérêt des photographes pour Victor Hugo ne s'arrête pas avec sa disparition. Sa mort a un immense retentissement et donne lieu à des funérailles nationales le 31 mai 1885. L'*Album des funérailles* témoigne de l'événement à travers quelque deux cents clichés sous forme d'un album typique des grands reportages journalistiques de l'époque.

Pour la fin du XIX^e siècle et le XX^e, la collection photographique du musée s'arrête aux descendants du poète, notamment Georges et Jeanne, et livre aussi un précieux témoignage du théâtre hugolien.

Ces dernières années, à l'instar de celui d'Edmond Bacot, deux reportages de photographes contemporains ont su faire revivre la mémoire du poète dans sa demeure anglo-normande.

ill. 61 Familier des îles, sensible à l'univers marin et aux effets du clair-obscur, Olivier Mériel a effectué en 1998 une série de clichés à Hauteville House à la demande de la Maison de Victor Hugo. Ses prises de vue en noir et blanc, exécutées uniquement en lumière naturelle à des horaires différents, retranscrivent l'atmosphère des clichés de l'*Atelier de Jersey*. En clin d'œil au maître des lieux, il photographie les miroirs fort prisés par Victor Hugo et très présents dans la maison. Leurs reflets se répondent dans un jeu complexe entre l'intérieur et l'extérieur, renforcé par l'aspect fantomatique des lieux désertés. Le musée possède vingt-quatre tirages de l'artiste, acquis en 1999 et 2002.

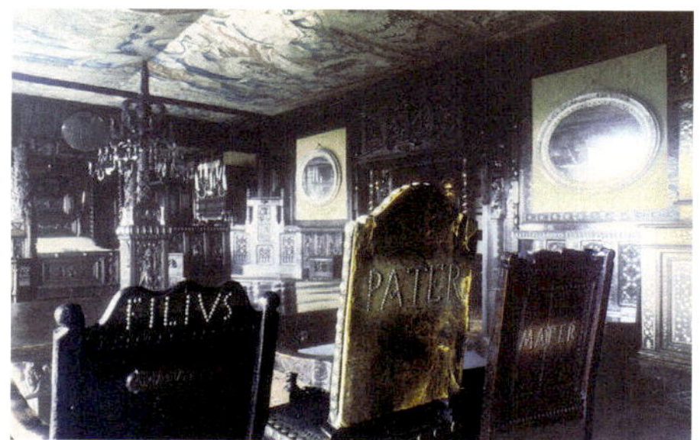


Joël Laiter réalise un reportage dans les îles anglo-normandes en 2001, intitulé *L'Archipel de la Manche* – en écho à celui voulu dans les premières années d'exil par la famille Hugo. Il s'arrête à Guernesey où il photographie Hauteville House et des
ill. 60 paysages. À travers des clichés en couleur imprimés sur papier mat, il prend possession de la maison dans ses moindres détails, pour en faire jaillir les aspects décoratifs les plus originaux. Quatorze photographies ont été acquises pour moitié en 2002 et 2005.

Ainsi, la collection photographique de la Maison de Victor Hugo nous éclaire-t-elle sur la façon dont l'écrivain a su utiliser la photographie à des fins politiques, sociales, éditoriales, artistiques, personnelles – et dont à son tour elle servit son image. En effet, le fort développement de la photographie dans la seconde moitié du XIX^e siècle va de pair avec la consécration de l'écrivain.

A. A.

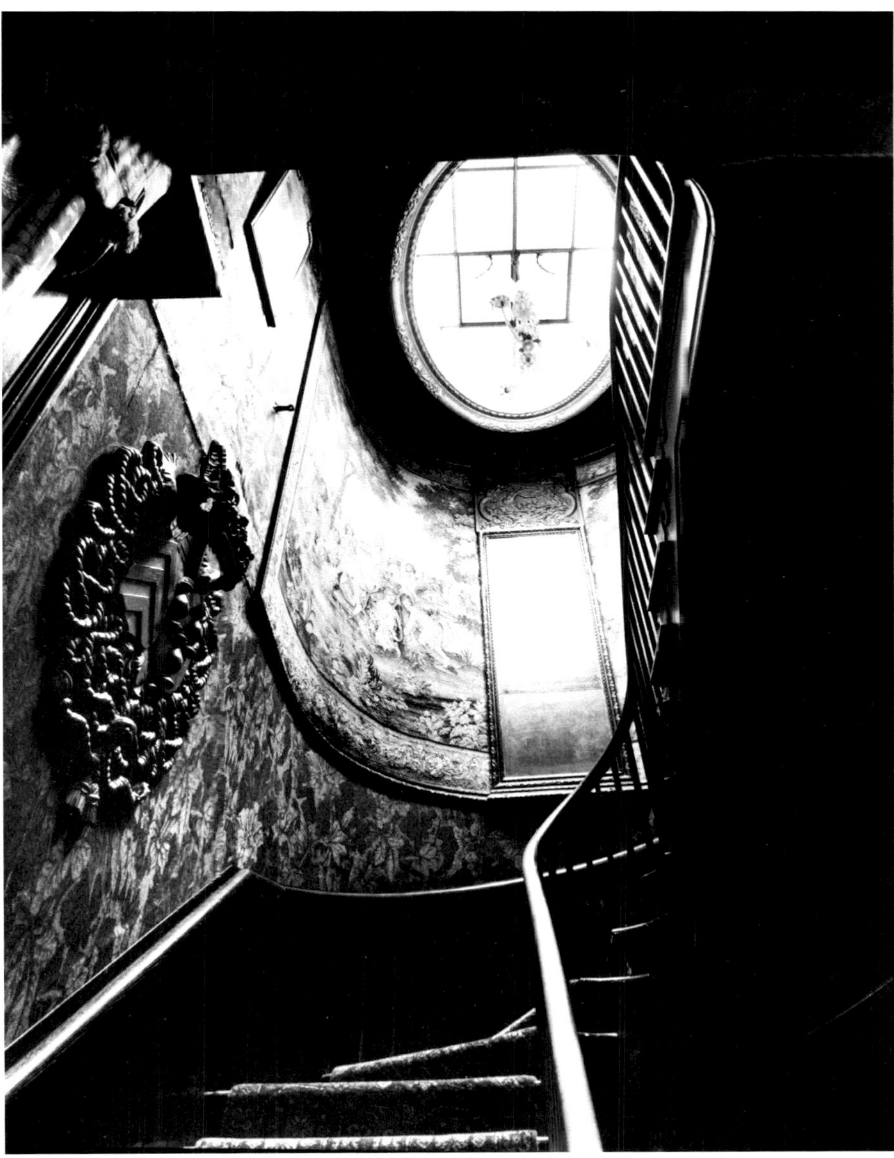

Hauteville house — 24 juin 1862

Mon illustre ami,

si le radical, c'est l'idéal, oui je suis radical. Oui, à tous les points de vue, je comprends, je veux et j'appelle le mieux ; le mieux, (quoique dénoncé par un proverbe,) n'est pas l'ennemi du bien ~~quoiqu'en l'affirme le dicton~~ car cela reviendrait à dire : le mieux est et surtout n'est pas l'ami du mal. Oui, une société qui admet la misère, oui, une religion qui admet l'enfer, oui, une humanité qui admet la guerre, me semblent une société, une religion et une humanité inférieures, et c'est vers la société d'en haut, vers l'humanité d'en haut, et vers la religion d'en haut que je tends ; société sans roi, humanité sans frontières, religion sans livre. Oui, je combats le prêtre qui vend le mensonge et le juge qui rend l'injustice. Universaliser la propriété (ce qui est le contraire de l'abolir) en supprimant le parasitisme, c'est à dire arriver à ce but : tout homme propriétaire et aucun homme maître, voilà pour moi la véritable économie sociale le but est éloigné. est-ce une raison pour n'y pas marcher ?

# Les manuscrits

**« Il écrivait sur des feuilles volantes, comme presque tous les poëtes d'ailleurs. »**
Victor Hugo, *William Shakespeare*, 1864

## Le fonds d'autographes

L'ensemble des lettres reçues par Victor Hugo, conservées au musée de la place des Vosges, suffirait à expliquer pourquoi l'on a pu parler du « siècle de Victor Hugo ». Les quelque mille six cents correspondants représentés par environ vingt mille lettres viennent, tout au long du siècle, des milieux les plus divers : poètes en herbe ou célèbres, gens de théâtre, artistes, musiciens, candidats à l'Académie et académiciens, critiques, historiens, savants, hommes politiques, journalistes, solliciteurs, prisonniers politiques, forçats ou femmes du monde. Beaucoup sont français ; d'autres viennent d'Italie ou de Russie, de Pologne ou de Hongrie, d'Angleterre ou des États-Unis d'Amérique, du Brésil ou de la Caraïbe. Encore ne s'agit-il que d'un florilège, dont on ne peut donner qu'une idée globale. Les lettres adressées à Hugo, qui forment la base du fonds, sont, pour la quasi-totalité, entrées au musée par donations des héritiers de Victor Hugo et de Paul Meurice. C'est ainsi que s'est constituée la plus grande richesse de cette collection : la correspondance entre Victor Hugo, sa femme et ses enfants, donnée par Jean Hugo à partir de 1950. Ce don comportait trois cent sept lettres de Hugo aux membres de sa famille et des centaines de réponses. Aux lettres de Victor Hugo à ses proches, il faut ajouter cent quatorze lettres à diverses personnes. Et en 1956, un nouveau don apportait encore quatre-vingt-trois lettres de lui. En 1976, le fonds fut une nouvelle fois enrichi par un important don incluant quatre cent soixante-huit lettres et fragments, et cent dix billets à Julie Chenay, la sœur de M^me^ Hugo. En somme, les lettres de Victor Hugo lui-même sont

**ill. 62**
**Victor Hugo**
**(1802-1885)**
Lettre à Alphonse de Lamartine,
24 juin 1862
21 x 13 cm
MVHP-Ms-a 41

Transcription :
« Hauteville house
24 juin 1862
Mon illustre ami,
Si le radical, c'est l'idéal, oui, je suis radical.
Oui, à tous les points de vue, je comprends, je veux et j'appelle le mieux… »

beaucoup moins nombreuses que celles qu'il a reçues. On en compte environ mille cinq cents – chiffre qui augmente au fur et à mesure des acquisitions.

### L'homme politique

Avant même de jouer un rôle politique institutionnel, Hugo a correspondu avec des hommes de pouvoir. Ses relations avec les survivants de l'ère napoléonienne sont attestées par des lettres de l'ex-roi Joseph, de la princesse de Canino, veuve de Lucien Bonaparte, de la princesse Mathilde et des témoins privilégiés qu'étaient la duchesse d'Abrantès, les Ségur ou les Lacretelle (plus de vingt lettres de Charles et de sa femme). Lors de la création du journal *L'Avenir*, Hugo a participé aux combats de Lamennais et de ses jeunes amis, Montalembert et Lacordaire. Le musée a acquis plusieurs lettres de Montalembert et, en 2007, une belle lettre de Lamennais datée de janvier 1823.
Pair de France, puis représentant du peuple en 1848, député et enfin sénateur, Hugo a correspondu avec la plupart des grands acteurs de la politique. Louis Blanc et Victor Schœlcher, devenus amis dans l'exil, se sont retrouvés sous la IIIe République avec lui sur les bancs du Sénat. La soixantaine de lettres de Louis Blanc et autant de Victor Schœlcher constituent un apport politique du plus haut intérêt. Le rayonnement international de Hugo pendant son exil dans les îles anglo-normandes fut considérable. Des personnalités dont l'histoire a consacré le rôle dans les grands bouleversements politiques en Europe de 1848, tels le Russe Alexandre Herzen, les Hongrois Kossuth et le comte Téléki, ainsi que les Italiens luttant pour l'unité de leur pays, de Mazzini à Garibaldi, ont tous correspondu avec lui.
On peut suivre aussi ici la courte vie, de 1848 à 1851, du journal *L'Événement*, réunissant autour de Hugo ses deux fils et deux jeunes écrivains, Auguste Vacquerie et Paul Meurice.
Deux documents autographes sont des témoignages émouvants des journées de février 1848 : un fragment d'un récit de Mme Hugo de la nuit du 24 février et, de la main d'Alexandre Marie, un court texte au crayon, sur un papier de fortune, signé des sept membres du gouvernement provisoire, proclamant la république de 1848. Il fut offert au musée en 1998. ill. 63

### L'homme de théâtre

Hugo a correspondu avec bon nombre des participants à cette activité éminemment publique qu'est le théâtre : comédiens et comédiennes, qui ont créé ses pièces, mais qui écrivaient peu, comme Frédéric

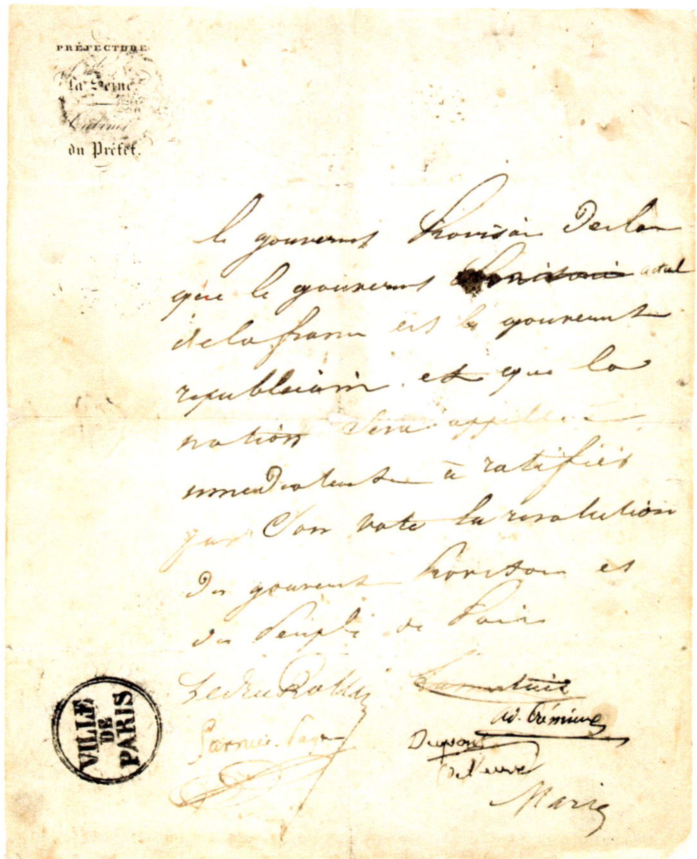
PRÉFECTURE de la Seine
Cabinet du Préfet.

Le gouvernement provisoire declare que le gouvernement ~~provisoire~~ actuel de la france est le gouvernement republicain et que la nation sera appelée immediatement à ratifier par son vote la resolution du gouvernement provisoire et du peuple de Paris

Ledru Rollin — Lamartine
Ad. Crémieux
Garnier Pagès
Dupont
Arago
Marie

VILLE DE PARIS

**ill. 63**
**Lamartine, Ledru-Rollin, Garnier-Pagès…**
Déclaration du gouvernement provisoire, 1848
26,5 x 20,4 cm
MVHP-Ms-2650

Lemaître ou Marie Dorval, laquelle ne datait jamais ses petits billets, ou encore Mlle George ; directeurs de théâtre tels que le baron Taylor (20 lettres), commissaire royal près le Théâtre-Français, grand personnage de la scène politique, qui avait ouvert le théâtre officiel au drame romantique, ou Harel, directeur du Théâtre de l'Odéon, puis du Théâtre de la Porte-Saint-Martin. La quarantaine de lettres conservées donne une idée de ce que fut la carrière théâtrale de Hugo entre 1831 et 1845. On lit les lettres d'auteurs dramatiques, comme Alexandre Soumet, dont les vingt-sept lettres s'échelonnent entre 1836 et 1844, et Alexandre Dumas, ami, rival et parfois complice de Hugo dans l'aventure théâtrale – un des seuls à oser le défendre ouvertement pendant son exil. Il conviendrait d'ajouter bien d'autres noms : ceux de comédiens en quête de rôles, d'écrivains oubliés, beaucoup ou peu joués, de journalistes amis. La participation de Hugo à la vie théâtrale est intense, et les interlocuteurs plus obscurs ne sont pas toujours les moins intéressants.

**L'écrivain (la vie littéraire)**

Beaucoup d'écrivains dont les lettres sont entrées au musée sont des amis de jeunesse : Émile et Antoni Deschamps (66 et 17 lettres), Alexandre Soumet (25), Ulrich Guttinguer (39) et Saint-Valry (15), à qui s'ajoutent vingt lettres de Victor Hugo. Charles Nodier, pivot de la jeune littérature au cénacle de la bibliothèque de l'Arsenal, et sa fille Marie sont parmi les plus fidèles (8 lettres). Au fil du temps, d'autres noms apparaissent : Lamartine, dont la vingtaine de lettres conservées s'étendent de 1824 à 1860, le marquis de Custine dans les années 1830 (45 lettres), George Sand après 1851 (9) et Louise Colet (20), à qui Hugo écrivait par l'entremise de Flaubert. De Théodore de Banville, jeune poète, grand admirateur du maître et prolifique correspondant, le musée possède une quinzaine de lettres. Une page d'Isidore Ducasse, alias « comte de Lautréamont », est une des raretés du fonds. Baudelaire, dans la seule lettre à Hugo acquise par le musée, lui demande, le 27 février 1859, un service. Une seconde lettre, adressée à sa mère, est d'un ton moins flatteur : il y dit ce qu'il pense de la femme et des deux fils de Victor Hugo. L'absence de lettres adressées à Hugo par ses grands contemporains, et publiées dans les correspondances de Balzac, Baudelaire, Flaubert, Gautier, Mérimée, Musset, Verlaine, Vigny, a incité les conservateurs à combler des lacunes lorsque l'occasion se présente. Parmi les acquisitions récentes, notons une belle lettre de Victor Hugo à George Sand, du 6 mai 1862, la remerciant de ses paroles sur *Les Misérables*, et un brouillon de la célèbre réponse de Victor Hugo, datée du 24 juin 1862,
ill. 62 à une critique du même roman par Lamartine : « Si le radical, c'est l'idéal, oui, je suis radical. »

Parmi les femmes écrivains, on trouve Pauline Duchambge (11 lettres, écrites au poète à l'apogée de sa gloire théâtrale et mondaine), Louise Michel, devenue une correspondante assidue après 1850 (16), Hubertine Auclert, militante féministe notoire (5). Certaines envoient des poèmes, parfois anonymement.

D'autres lettres d'écrivains qui ont surtout été journalistes – Alphonse Karr, Jules Janin et Delphine de Girardin, notamment – sont des mines de renseignements sur la vie littéraire, comme le sont les lettres d'éditeurs tels que Renduel ou Gosselin. Parmi les récentes acquisitions figurent un contrat et une lettre de 1832 annonçant le titre d'un prochain roman qui n'a jamais vu le jour, *La Quiquengrogne*. La centaine de lettres d'Hetzel, grand éditeur passionné, à l'écriture presque illisible, révèle bien des aspects matériels de la publication du livre. Deux volumes de sa correspondance avec Hugo en exil, publiés chez Klincksieck, mettent le projecteur sur la fabrication, la publication, la distribution et la réception des recueils clandestins de *Napoléon-le-Petit* et des *Châtiments*, et sur le grand recueil poétique de 1856, *Les Contemplations*.

Les intérêts personnels et la carrière de Victor Hugo le mirent très tôt en contact avec des artistes et des musiciens. Parmi la quarantaine d'artistes, peintres, sculpteurs, caricaturistes représentés dans le fonds de manuscrits, Célestin Nanteuil, Achille et Eugène Devéria, Louis Boulanger et surtout David d'Angers, dont la vingtaine de lettres s'échelonne de 1832 à 1842, sont des amis proches. James Pradier, Victor Vilain et Jules Ziegler sont aussi des amis de Juliette Drouet.

L'intérêt que Hugo portait à la photographie l'a mené à correspondre avec quelques grands pionniers : Nadar, Edmond Bacot (une lettre de Hugo à Bacot a été acquise en 2004) et surtout Étienne Carjat, dont on compte vingt-trois lettres. Philippe Burty, critique d'art et journaliste, a correspondu avec Hugo pendant une vingtaine d'années. À ses trente-quatre lettres répondent quatorze lettres de l'écrivain.

Il y a peu de traces dans la collection des musiciens que fréquentait Hugo, à l'exception de Franz Liszt, dont il a gardé trois lettres, ou de correspondants occasionnels, comme les compositeurs Ferdinand Hérold, Camille Saint-Saëns, Gasparo Spontini, Ambroise Thomas. Sont conservées ici la plupart des lettres de Louise Bertin, amie et musicienne de talent, à Hugo, auteur du livret de son opéra *La Esmeralda*. Beaucoup de jeunes compositeurs, désireux de mettre en musique des poèmes du maître, ont obtenu de lui l'autorisation de le faire : le grand nombre de partitions manuscrites témoigne de la faveur de Hugo auprès des musiciens.

### Femmes d'exception

Les lettres de Victor Hugo à Léonie Biard, dont la totalité connue (26) fut acquise en 1989, révèlent une grande passion. Uniques dans la correspondance de Hugo, elles sont restées pendant un siècle introuvables dans des collections privées. Aujourd'hui publiées, elles sont désormais accessibles au grand public.

Les lettres d'admiratrices, parfois anonymes, parfois signées d'un seul prénom, ont fait rêver les biographes. Elles sont pourtant de peu de poids à côté des neuf cents lettres de Juliette Drouet conservées ici, sur un total d'environ vingt-cinq mille, dans lesquelles cette grande ill. 64 épistolière a dit et redit son amour avec une verve et une invention verbale irrésistibles. Ses notes sur le coup d'État du 2 décembre 1851 sont un témoignage direct de la résistance de Hugo au coup de force et de la manière dont, pour continuer la lutte hors de France, il a échappé à la police de « Napoléon le Petit ».

**Famille et amis intimes**

La correspondance privée reflète aussi bien les incidents du quotidien que les grands bouleversements, les joies et les tristesses. La lettre de Victor Hugo à sa femme en apprenant la noyade de sa fille Léopoldine avec son jeune mari est déchirante. La fugue de sa fille, Adèle, en 1863, à la poursuite d'un officier anglais dont elle était vainement amoureuse, tout comme son tragique retour neuf ans plus tard, sont documentés par des lettres de François-Victor, qui a servi d'intermédiaire. Les deux fils et Mme Hugo, de Bruxelles ou de Paris, transmettent nouvelles, messages et réactions aux publications du père. Cette correspondance, qui comporte des billets du grand-père à ses petits-enfants, s'est enrichie récemment de trois rares lettres de jeu- ill. 65 nesse de Victor à son père et, en 2007, de treize lettres inconnues de lui à son frère Abel.

En plus des billets de Hugo à Paul Meurice, l'ami dévoué, *alter ego* à Paris de l'écrivain alors exilé, donnés par ses héritiers (83), la collection renferme de nombreuses lettres de Meurice et une soixantaine d'Auguste Vacquerie, allié et ami de toute la famille. En 2001, le musée a acquis une importante collection de documents provenant des archives de la famille Allix. Le jeune Émile et sa sœur Augustine, musicienne, firent la connaissance des Hugo à Jersey. Émile fut un des médecins qui soignèrent Mme Hugo à la fin de sa vie et un des signataires du dernier bulletin de santé de Victor Hugo en 1885. Ces cent cinquante-six lettres s'ajoutent aux dix-sept d'Émile Allix présentes dans le fonds du musée.

**Autres documents**

Deux feuillets de 1816, issus de « carnets » de Victor Hugo adolescent que l'on croyait perdus, ont survécu. Pour la période de la monarchie de Juillet, un petit carnet correspond à une première excursion de quatre jours de Hugo et Juliette Drouet, en juillet 1834. On y a joint, sous la même couverture, des liasses de feuillets documentant un deuxième voyage, du 5 au 31 août. Par ailleurs, deux liasses homogènes et trois

Dimanche matin 11 h 7 février.

bonjour mon toto aimé, bonjour mon amour, bonjour ma vraie joie, bonjour mon vrai bonheur, bonjour ma vraie vie, bonjour je suis heureuse et toi ? je n'ai pas beaucoup dormi cette nuit mais je ne m'en plaint pas au contraire puisque j'ai pu penser tout ce temps là aux deux heures d'amour que tu venais de me donner. dans ce moment ci encore le souvenir m'en fait battre le cœur plus fort et plus vite. Ô c'est que je t'aime !!!!!

**ill. 64**
**Juliette Drouet (1806-1883)**
Lettre à Victor Hugo,
7 février 1847
27,4 x 21 cm
MVHP-Ms-7850

Transcription :
« Dimanche matin 11 h
7 février
bonjour mon toto aimé,
bonjour mon amour,
bonjour ma vraie joie,
bonjour mon vrai bonheur,
bonjour ma vraie vie,
bonjour je suis heureuse
et toi ?
je n'ai pas beaucoup dormi cette nuit mais je ne m'en plaint [s] pas au contraire puisque j'ai pu penser tout ce temps là aux deux heures d'amour que tu venais de me donner. dans ce moment ci encore le souvenir m'en fait battre le coeur plus fort et plus vite.
Ô c'est que je t'aime !!!!! »

feuillets séparés correspondent aux deux premiers tiers d'un périple en Picardie et en Normandie, entre le 25 juillet et le 25 août 1835. Victor Hugo a inscrit le détail de la vie quotidienne à Hauteville House, puis à Paris, entre le 1er juillet et le 28 septembre 1873, dans un almanach acheté à Guernesey. Des feuilles de comptes fragmentaires et l'agenda de l'année 1885 où sont consignés les derniers dîners et réceptions, tenu par la veuve de Charles Hugo, devenue Mme Lockroy, enrichissent cette petite collection. Des quittances de loyers, des passeports, des baux, les documents attestant l'achat de Hauteville

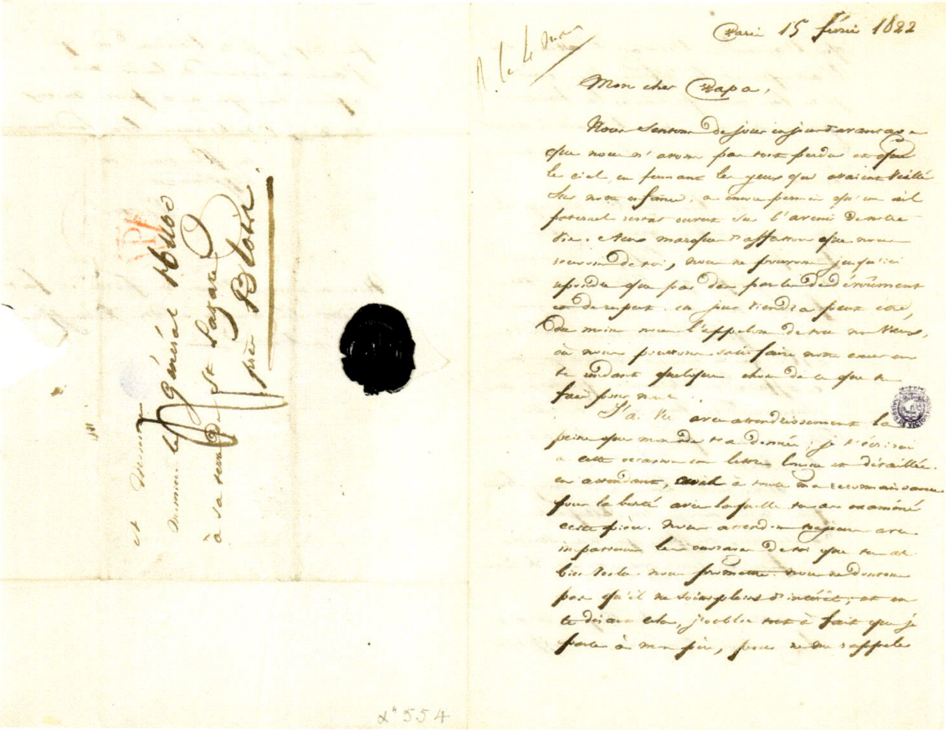

**ill. 65**
**Victor Hugo**
Lettre à son père,
15 février 1822
20 x 12,5 cm
MVHP-Ms-a 554

House et diverses pièces de caractère officiel constituent une bonne partie des archives familiales. Des convocations à l'Académie française, à la Société orientale, à des réunions de commissions parlementaires témoignent d'un quotidien moins intime.

Hugo ayant légué par testament tous ses manuscrits à la « Bibliothèque nationale de Paris », aucun « brouillon » d'œuvres proprement dit ne se trouve dans ce fonds. De nombreux fragments d'ébauches (« copeaux »), griffonnés sur des supports hétéroclites, s'y sont cependant égarés. Une addition récente est l'acquisition en 2004 d'un recueil de listes autographes de corrections à reporter sur les épreuves de la première série de *La Légende des siècles*. Elles rejoignent d'autres épreuves corrigées qui sont dans le fonds de la bibliothèque.

ill. 66

Les manuscrits de la plupart des œuvres du général Hugo et de Charles Hugo sont conservés place des Vosges. Ceux de François-Victor et de nombreuses feuilles difficilement lisibles du *Journal*

*d'exil* d'Adèle, la fille de Victor Hugo, s'y ajoutent. La douzaine de volumes de brouillons, publiés en 1985, du *Victor Hugo raconté par un témoin de sa vie*, biographie partielle de son mari due à M^me^ Hugo, complète les archives à caractère familial.
L'ensemble des documents de ce fonds constitue ainsi une source indispensable de renseignements sur le XIX^e^ siècle.

S. G.

feuille 9.
pag. 136. vers 11. après patrie.
p. 137. v. pas de guillemets.
p. 130. un blanc au haut de la page
— v. 9 après fendus.
p. 142. v. 25. pas de guillemets
p. 144. v. 14. après construit,

feuille 10
p. 149. v. 2. pas de virgule après groupées
p. 152 v. 7. au lieu de : à ce point est
est à ce point
— v. 10. après très-doux,
— v. 11. après peine,
p. 152. v. 24. après vous ;
p. 156. un blanc au haut de la page
— v. 10. après : passait ... —
p. 160, v. 3. au lieu de :
cadavre horrible &c
cadavre au ventre horrible, aux hideuses mamelles,

feuille 11
p. 162. un blanc au haut de la page.
— v. 23. pas de guillemets
p. 167. v. 17. pas de virgule après : l'érable
p. 171. v. 19. après : Wasselonne,
p. 172. v. 24. au lieu de Vol : dol
p. 173. v. 13. pas de guillemets.
— v. 14. après : corde ;
p. 175. v. 4. pas de guillemets.
p. 176. v. 10. s'époumonne,

**ill. 66**
**Victor Hugo**
*La Légende des siècles,*
première série, 1859
Feuillets des épreuves corrigées
MVHP-Ms-4409 (3)

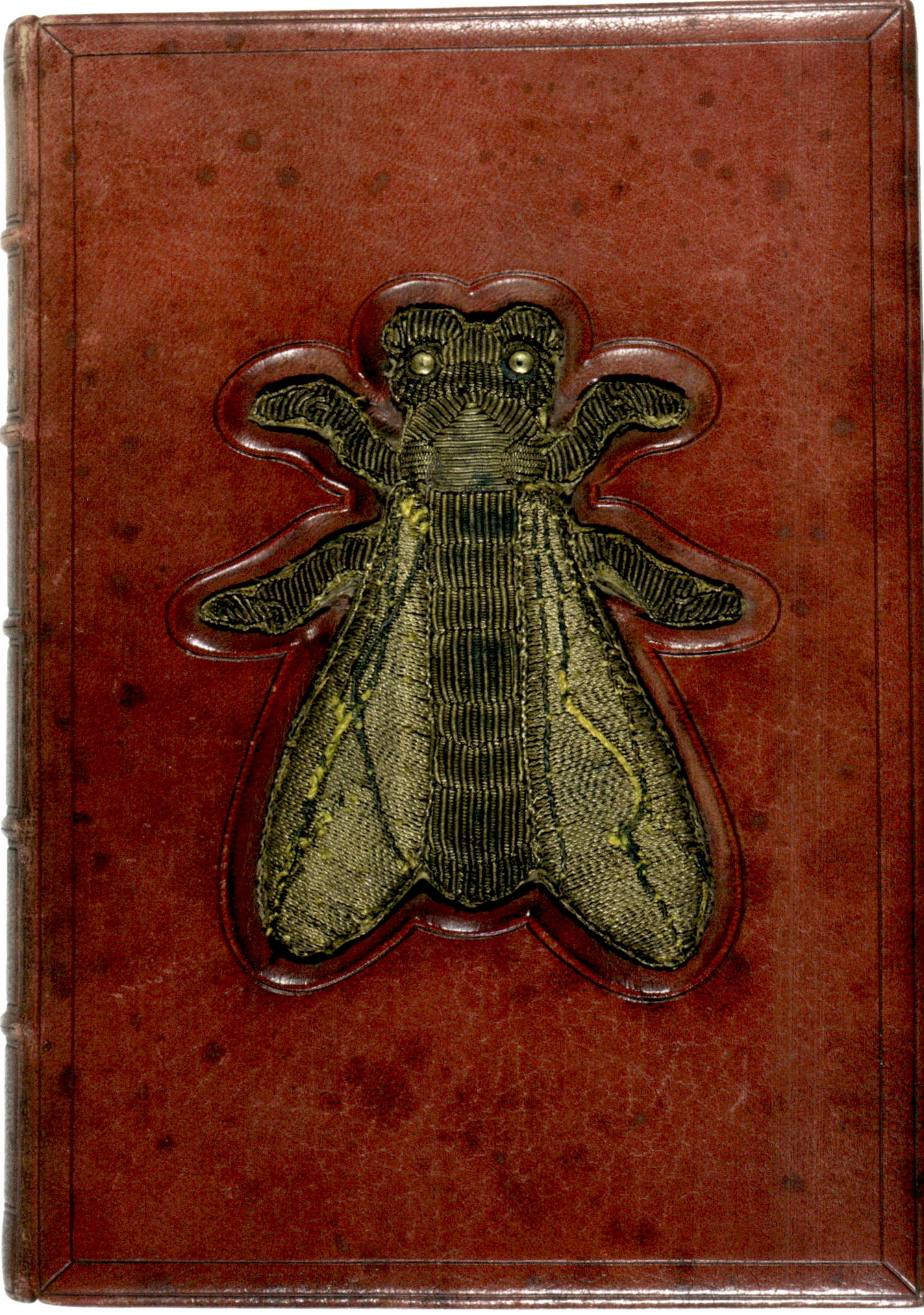

# La bibliothèque

**« Je suis, à moi tout seul, un avenir pour un libraire. »**

Victor Hugo à Pierre-Jules Hetzel, 26 mars [1854]

ill. 67
**Victor Hugo**
**(1802-1885)**
*Les Châtiments*
Éd. Hetzel, 1870
18,6 x 13,7 cm
MVHP-L-25

Au troisième étage du musée se trouve la bibliothèque ouverte au public en 1981. Entièrement consacré à la vie, l'œuvre et la fortune critique de Victor Hugo et de son entourage, à la fois bibliothèque de lecture publique et centre de documentation, ce lieu patrimonial accueille les chercheurs français et étrangers, mais aussi tout visiteur curieux, désireux d'approfondir sa connaissance de l'œuvre et de l'écrivain.

Pour l'inauguration du musée en 1903, son fondateur, Paul Meurice, fait don d'une grande partie de sa bibliothèque personnelle, riche des premières éditions des œuvres de Hugo. Ainsi trouve-t-on dans la bibliothèque de la Maison de Victor Hugo les éditions des œuvres complètes qui servent de référence pour les chercheurs. ill. 68

Parmi les principales publiées du vivant de l'écrivain, citons les éditions Renduel de 1832 à 1842, Furne de 1840 à 1846, et Hetzel, première édition populaire illustrée, de 1853 à 1855. De 1876 à 1897, Eugène Hugues fait paraître trente-trois volumes (1 383 livraisons à 10 centimes). Jules Hetzel et l'imprimeur Quentin livrent quarante-huit volumes de 1880 à 1889, sous le nom d'« édition ne varietur ». De 1885, année de la mort de Hugo, à 1895, J. Lemonnyer et G. Richard, puis E. Testard publient les quarante-trois volumes qui forment l'« édition nationale », très illustrée de gravures et de vignettes. De 1904 à 1933, Paul Meurice, Gustave Simon, Cécile Daubray éditent quarante-cinq volumes à la librairie Ollendorff (puis Albin Michel), imprimés par l'Imprimerie nationale sur papier de Chine. Chaque exemplaire porte la mention : « Exemplaire pour la Maison de Victor Hugo ».

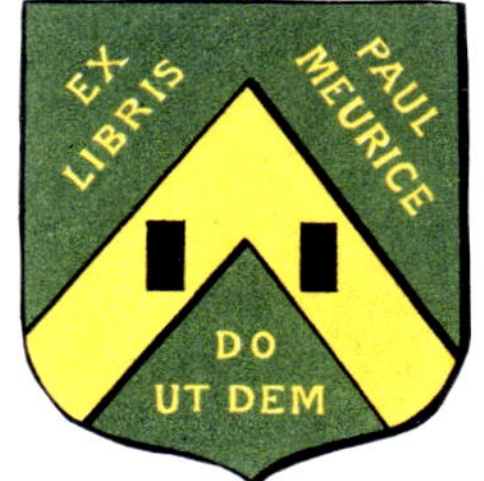


ill. 68
*Ex-libris*
de Paul Meurice
4,3 x 5 cm

À cet ensemble d'éditions (éditions séparées et complètes) s'ajoute une bibliothèque sur les XIXe, XXe et XXIe siècles. Ces deux fonds vivants, composés de onze mille livres et trois mille brochures, s'enrichissent annuellement d'éditions originales, de biographies, d'ouvrages critiques, de catalogues d'expositions, des correspondances éditées des contemporains de Victor Hugo et de tout document permettant d'éclairer le siècle dans lequel a vécu l'écrivain.

**La réserve des livres rares et précieux**

On y trouve une soixantaine d'ouvrages avec des dédicaces autographes ou des livres dits « enrichis » auxquels ont été ajoutés divers éléments : lettres, fragments manuscrits, dessins de Victor Hugo, photographies, végétaux, cartes géographiques… Liés à l'œuvre littéraire, ces documents le sont aussi très souvent à la vie de Victor Hugo et de ses proches. La mémoire intime et familiale est à l'œuvre, et le livre « enrichi » devient son support.

Ce sont parfois des souvenirs de voyages heureux, comme celui effectué avec Juliette Drouet en 1840 le long de la vallée du Rhin, matérialisé par des fleurs séchées insérées dans une édition du *Rhin*, ou tout au contraire, le rappel tragique de deuils familiaux, notamment celui de Léopoldine, évoqué dans l'exemplaire des *Contemplations* de Mme Hugo, où, en regard de son portrait photographique par Auguste
ill. 69 et 70 Vacquerie, figure le poème « *Dolorosæ* ». Cet ouvrage contient en outre une aquarelle de Louis Boulanger, dix-sept lettres et trente-trois autres photographies.

C'est aussi un exemplaire de *Torquemada* que Victor Hugo dédicace à sa petite-fille en ces termes : « Je te donne ce livre,/ ma douce petite Jeanne./ C'est un livre noir que/ tu liras utilement plus/ tard. Aujourd'hui reçois,/ comme une marque de/ mon amour, ce livre que/ j'ai donné à mon siècle/ comme une marque de/ mon dévouement./ V. H./ 21 juin 1882 » (*Torquemada*, Paris, Calmann-Lévy, 1882).

L'acquisition récente d'une édition des *Travailleurs de la mer* enrichit le fonds d'une pièce majeure. Comme pour d'autres ouvrages, il s'agit de l'exemplaire de Victor Hugo. Provenant de la bibliothèque de Louis Barthou, homme politique, bibliophile et historien, il appartint ensuite au bibliophile Pierre de Lacretelle. Ce dernier y fit insérer, en 1922, cinquante documents – trois photographies, trois dessins originaux de l'écrivain, neuf lettres et trente-cinq fragments manuscrits
ill. 71 relatifs au texte – qui transforment ce roman en un hommage à l'écriture, au livre, à la littérature, à Victor Hugo (*Les Travailleurs de la mer*, Bruxelles, Lacroix et Verboeckhoven, 1866, 3 vol.).

La bibliothèque possède également l'exemplaire personnel de Victor Hugo des *Châtiments* édités à Paris par Pierre-Jules Hetzel en octobre [1870], constituant la première édition française complète. Le recueil fut publié à Bruxelles en 1853 par H… Samuel, dans une version tronquée, et la même année à Jersey. La publication resta interdite en France jusqu'en 1870.

Relié par Rémy Petit en maroquin rouge et gardes de moire vert d'eau, le volume porte, incrustée sur sa couverture, une grande abeille brodée en fil d'or et, au dos, les initiales dorées « V.H. ». Il est enrichi de trois autographes de Victor Hugo. ill. 67

Sur la première page de garde, l'écrivain a noté : « L'abeille qui est sur/ la couverture de ce livre,/ avant d'orner les Châtiments/ avait orné le trône impérial./ Elle était brodée sur le/ velours de l'immense man/ teau de pourpre qui des/ cendait des lambrequins/ du dais et couvrait le trône/ aux Tuileries. En Septembre/ 1870, M. Jules Claretie/ membre de la commission de/ recherche des papiers de/ Bonaparte, a détaché lui/ même cette abeille du manteau/ du trône, et me l'a apportée. Victor Hugo, 21 mai 1872. Paris. »

**ill. 69**
**Auguste Vacquerie (1819-1895)**
*Adèle Hugo*, 1852-1855
Photographie sur papier salé *in* Victor Hugo, *Les Contemplations*
Éd. Lévy et Pagnerre, 1856
24,2 x 21,2 cm
MVHP-L-123

**ill. 70**
**Victor Hugo**
*Les Contemplations*, « Dolorosæ »
Éd. Lévy et Pagnerre, 1856
24,2 x 21,2 cm
MVHP-L-123

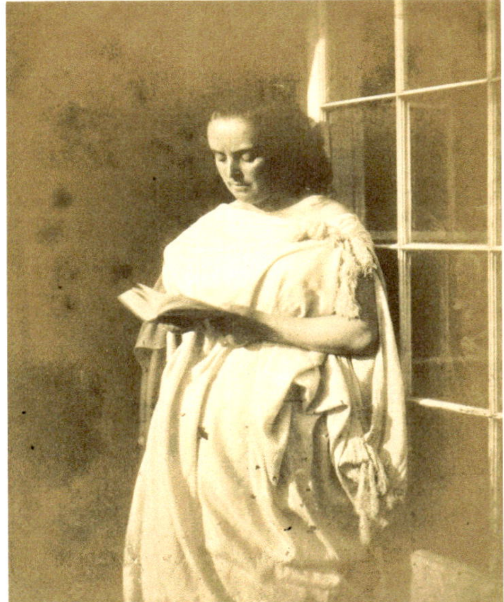

XII

DOLOROSÆ

Mère, voilà douze ans que notre fille est morte ;
Et depuis, moi le père et vous la femme forte,
Nous n'avons pas été, Dieu le sait, un seul jour
Sans parfumer son nom de prière et d'amour.
Nous avons pris la sombre et charmante habitude
De voir son ombre vivre en notre solitude,
De la sentir passer et de l'entendre errer,
Et nous sommes restés à genoux à pleurer.
Nous avons persisté dans cette douleur douce,
Et nous vivons penchés sur ce cher nid de mousse

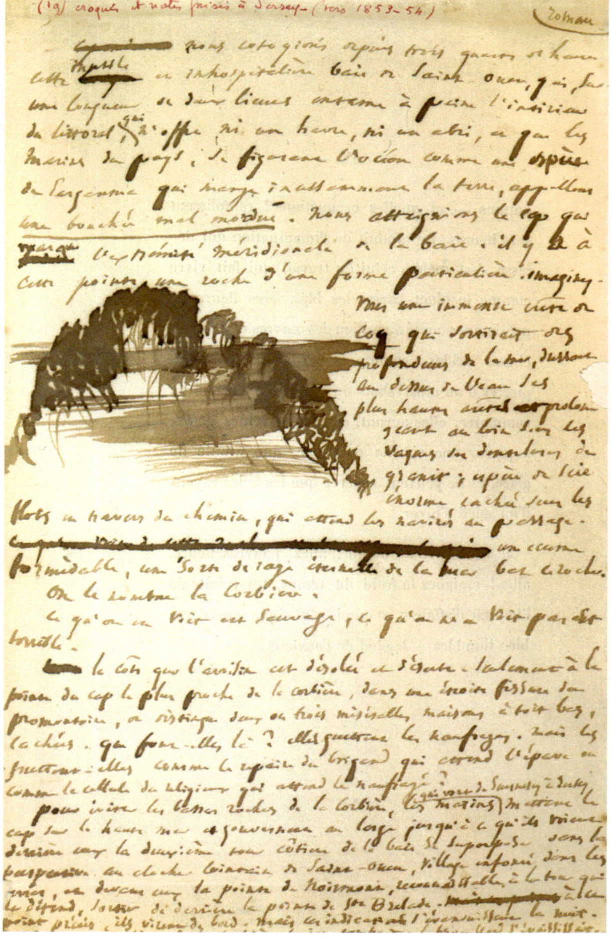

**ill. 71**
**Victor Hugo**
*Sans titre*, 1860-1864
Plume et encre brune
sur papier vélin
*in Les Travailleurs
de la mer*
Éd. Lacroix,
Verboeckhoven et Cie,
1866
23 x 13,5 cm
MVHP-L-9817 (pièce 19)

Sur la seconde page figurent deux vers des *Châtiments* (« Le Manteau impérial », livre V, III) :

« … … . . .
Filles de la lumière, abeilles,
Envolez-vous de ce manteau !
V.H. »

(La ligne de points évoque les vers censurés de l'édition de Bruxelles de 1853.)

Et sur la page de faux-titre, un envoi à Juliette Drouet : « premier exemplaire/ aux pieds de ma/ Providence./ Victor Hugo ».

Le carnet de Victor Hugo de 1870 note à la date du 25 septembre : « Ce soir, Jules Claretie [...] est venu m'apporter une abeille d'or qu'il a détachée, aux Tuileries, du manteau impérial. Il a écrit sur l'enveloppe ce vers des *Châtiments* :
"Envolez-vous de ce manteau !"

Cette nuit, aurore boréale. »

Un des symboles des Bonaparte – l'abeille – se trouve ainsi emprisonné à tout jamais dans *Les Châtiments*, grand œuvre incantatoire de l'opposition de Victor Hugo au coup d'État et au second Empire. Ce recueil en vers est transformé en instrument de combat politique. L'exil de l'écrivain se clôt sur un livre victorieux et sacralisé.
Certaines éditions de *La Légende des siècles* et des *Chansons des rues et des bois* ont des dessins originaux de Victor Hugo insérés entre leurs pages. D'autres portent des dédicaces : de Victor Hugo à Juliette Drouet, à Sainte-Beuve, à M^lle^ Favart... ill. 72
La deuxième édition des *Fleurs du mal* est dédicacée par son auteur à Victor Hugo : « à V....../ témoignage d'admiration, de sympathie/ et de dévouement./ C.B. » (*Les Fleurs du mal* par Charles Baudelaire, seconde édition, Paris, Poulet-Malassis et De Broize, 1861).

LES FLEURS DU MAL

**ill. 72**
**Charles Baudelaire (1821-1867)**
*Les Fleurs du mal*
Seconde édition, Poulet-Malassis et De Broize, 1861
20 x 13,4 cm
MVHP-L-1666

**ill. 73**
**Victor Hugo**
*Notre-Dame de Paris*
Éd. Perrotin et Garnier, 1844
26,5 x 19,3 cm
MVHP-L-224

Un exemplaire des *Chansons des rues et des bois* porte un envoi de Victor Hugo : « A M. Charles Baudelaire/ jungamus dextras./ Victor Hugo » (*Les Chansons des rues et des bois*, Paris, Lacroix et Verboeckhoven, 1866).
L'enfance de l'écrivain est présente à travers quelques livres de classe : un volume d'*Œuvres* de Tacite (1805), et trois ouvrages offerts et dédicacés à Juliette Drouet en 1835 et 1837, une grammaire latine (1805), les *Odes sacrées de J.-B. Rousseau* (1792) et une *Histoire d'Alexandre* par Quinte-Curce (1807).
La bibliothèque possède aussi deux « prix scolaires » décernés à Victor Hugo en 1812 – Bossuet, *Discours sur l'histoire universelle* (1771) – et en 1814 – *La Cyropaedie ou l'Histoire de Cyrus* d'après Xénophon (1775) par l'instituteur des enfants de la famille Hugo, M. de la Rivière.

**Les reliures**

Des reliures remarquables font de certains ouvrages de véritables chefs-d'œuvre de bibliophilie, ainsi de l'édition de *Notre-Dame de* ill. 73 *Paris* où le décor recouvre tout le livre : Quasimodo, Esmeralda, Phoebus, Claude Frollo brillent de l'or du doreur Haarhaus, sur un fond vert foncé (Paris, Perrotin et Garnier, 1844). D'autres livres s'ornent de reliures romantiques et, vers la fin du XIXe siècle, de reliures japonisantes aux couleurs somptueuses : noir, rouge, doré.

Rappelons que la bibliothèque personnelle de Victor Hugo et de son entourage se trouve à Hauteville House, à Guernesey. Elle réunit trois mille cinq cents ouvrages, ainsi que des illustrés et imprimés datant de son séjour sur l'île.

M.-L. M.

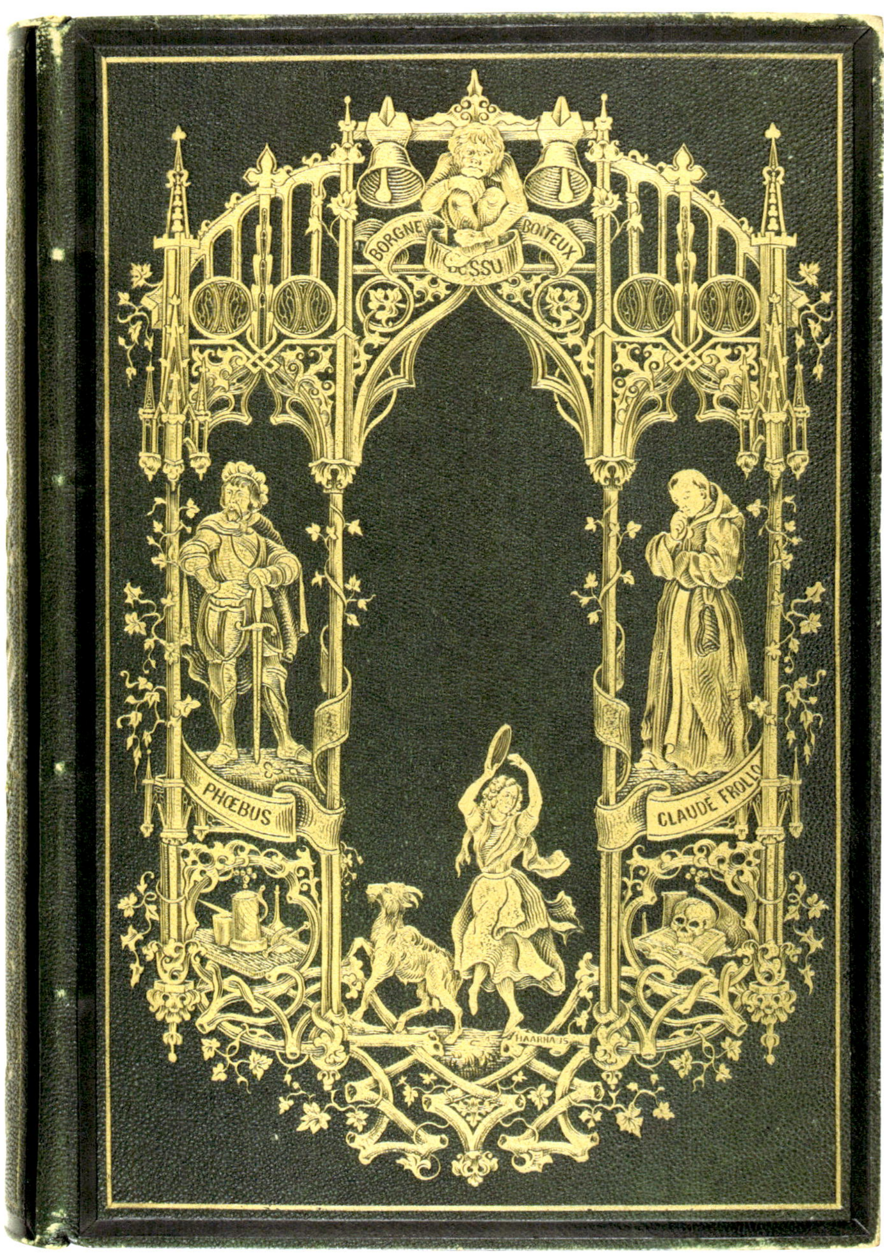
BORGNE
BOSSU
BOITEUX
PHŒBUS
CLAUDE FROLLO

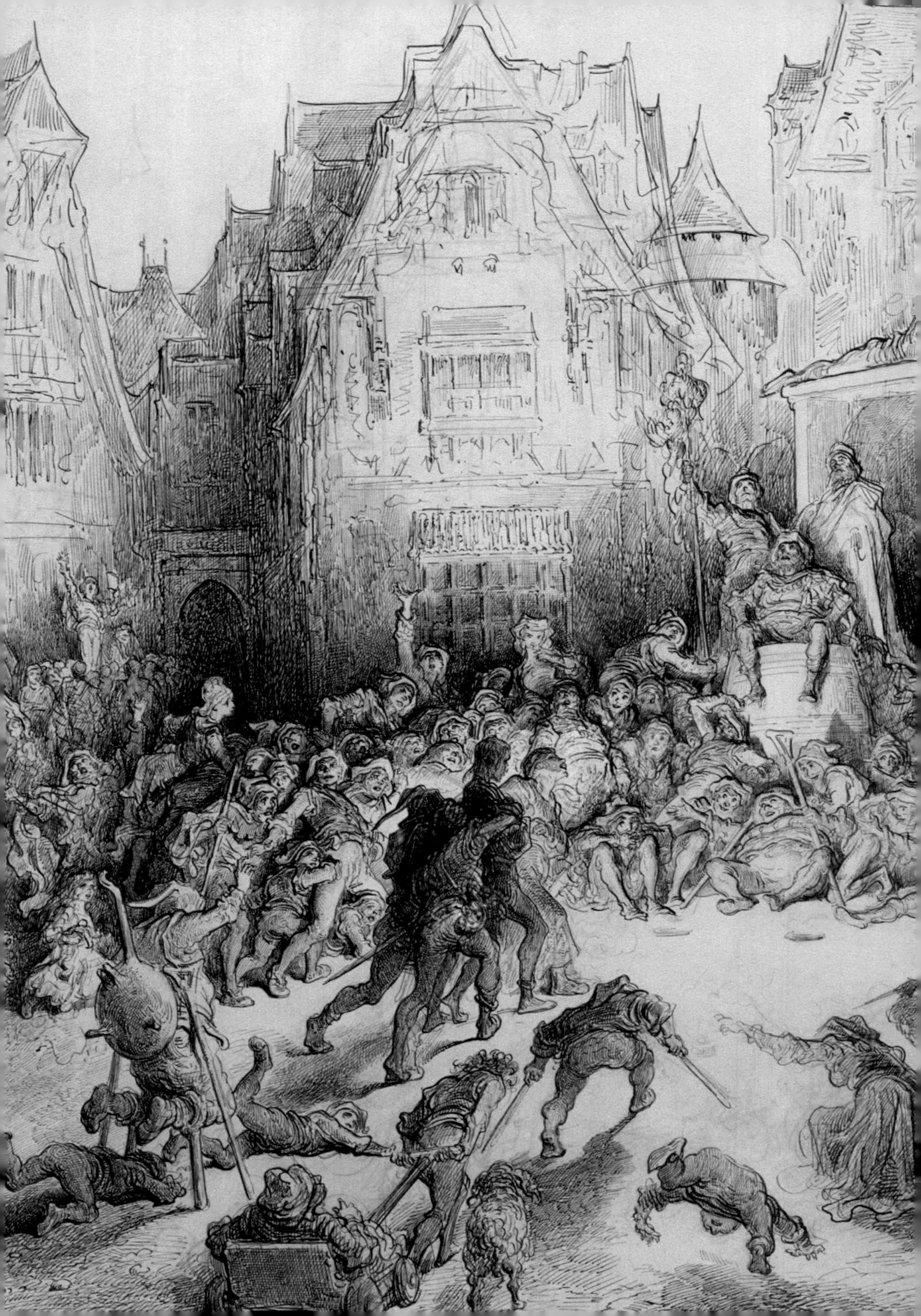

# Les illustrations de l'œuvre littéraire de Victor Hugo

**« Dans un texte où tout est décrit et où le crayon n'a qu'à décalquer, mon imagination restait sans emploi. »**
Gustave Doré, dans Jules Laurens, *La Légende des ateliers*, Paris, 1901

ill. 74
**Gustave Doré**
**(1832-1883)**
*La Cour des Miracles*
(détail), vers 1859
Plume, crayon
et rehauts de gouache
sur papier
59 x 81 cm
MVHP-D-4631

Les premiers illustrateurs de l'œuvre de Victor Hugo sont avant tout ses amis : les frères Achille et Eugène Devéria, Louis Boulanger, Alfred et Tony Johannot, Célestin Nanteuil, membres du cénacle romantique, l'un des foyers du renouveau artistique et littéraire autour de 1830. Ils sont également à l'origine de la vignette-frontispice, introduite sur la page de titre à la fin des années 1820 et qui s'impose entre 1830 et 1835, avant le développement des éditions populaires illustrées.
Le musée conserve environ six cents œuvres, tableaux, dessins, sculptures illustrant la production de Victor Hugo dans ses différents aspects. Ses collections de peintures et d'art graphique attestent la place primordiale de Louis Boulanger, chantre de l'esthétique romantique.

### Le théâtre

Le théâtre est l'un des domaines de prédilection de ces illustrateurs. Les pièces écrites entre 1828 et 1843 font l'objet de maquettes de décors et de costumes, conservées pour la plupart à la Comédie-Française et à la Bibliothèque nationale de France. La Maison de Victor Hugo en dénombre deux cent quarante-deux que viennent compléter de nombreuses gravures et lithographies.

Pour *Amy Robsart*, premier drame porté à la scène en 1828, adapté du *Kenilworth* de Walter Scott, Victor Hugo commande les maquettes de costumes à Eugène Delacroix. Trois d'entre elles ont été retrou-
ill. 75 vées, dont celles pour *Amy Robsart* et *Lord Shrewsbury*. Cette pièce est le seul exemple de collaboration entre ces deux maîtres de la couleur et des mots.

Le tableau intitulé *La Première d'Hernani*, commandé à Albert Besnard par Paul Meurice en 1903, fait revivre l'effervescence qui règne au Théâtre-Français le soir du 25 février 1830. La préface d'*Hernani*, manifeste du romantisme, opéra une véritable révolution au sein de la littérature et de l'art. Elle provoqua la célèbre « bataille » que livrèrent écrivains et artistes romantiques contre les classiques. Comme pour l'essentiel du théâtre de Victor Hugo à partir de 1830, Louis Boulanger, ardent participant à la bataille, a été chargé de
ill. 76 l'exécution des maquettes de costumes. Celle pour *Le Page Jaquez* comporte une annotation manuscrite de Hugo indiquant le nom de l'actrice qui incarne alors le personnage : M^lle^ Despréaux.

**ill. 75**
**Eugène Delacroix (1798-1863)**
*Lord Shrewsbury*, 1828
Aquarelle et encre sur papier
18,5 x 12,5 cm
MVHP-D-274

**ill. 76**
**Louis Boulanger (1806-1867)**
*Le Page Jaquez*, 1830
Aquarelle sur papier
30,5 x 20,5 cm
MVHP-D-271

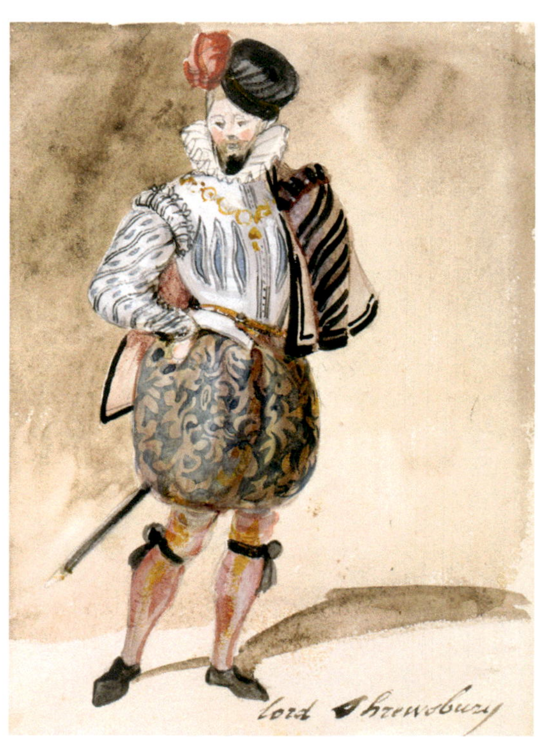

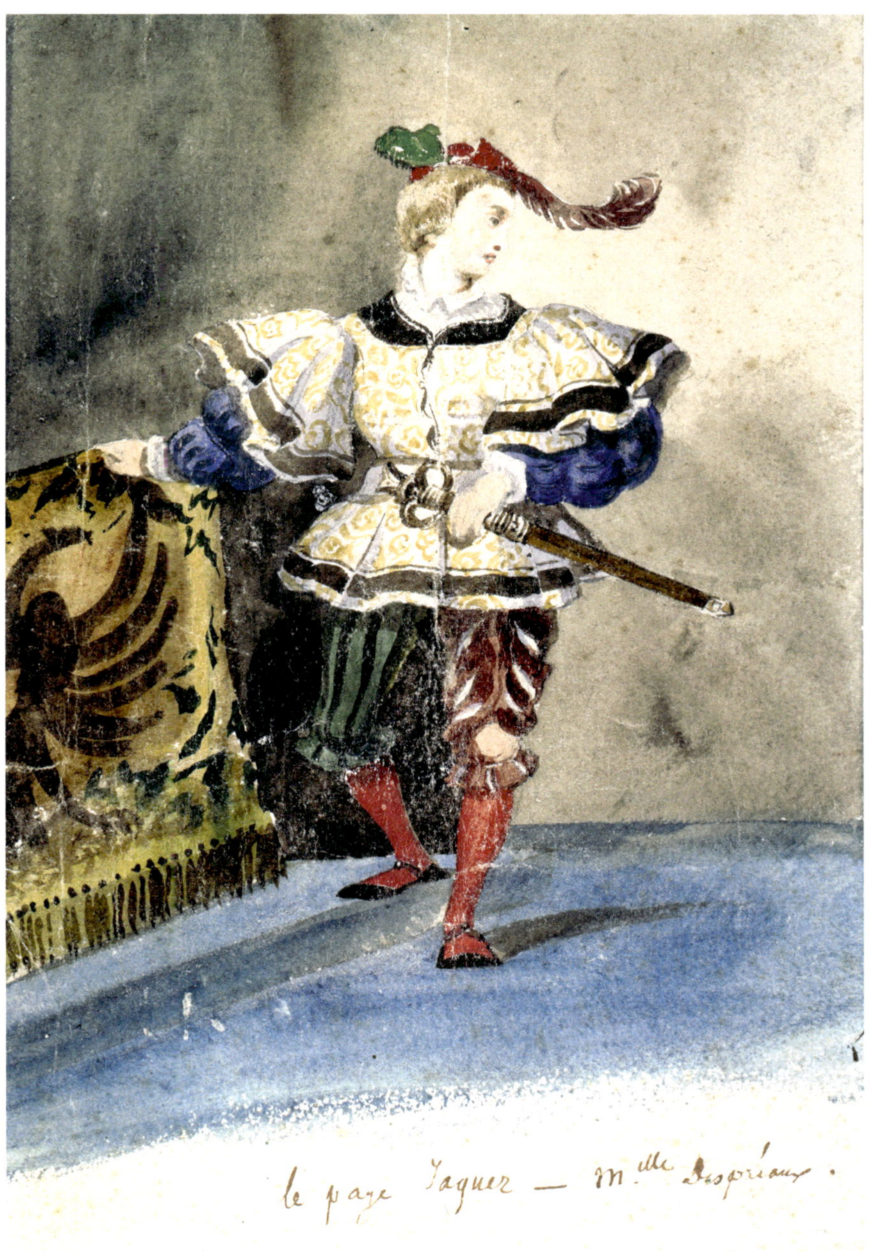
le page Jaquez — Mlle Despréaux.

**ill. 77**
**Louis Boulanger (1806-1867)**
*François 1er en négligé du matin*, 1832
Aquarelle et encre sur papier
23,7 x 15 cm
MVHP-D-295a

**ill. 78**
**Jean Hugo (1894-1984)**
*Casilda*, 1938
Aquarelle et crayon sur papier
35 x 26 cm
MVHP-D-1514

Même si les maquettes de décors de théâtre, à cette époque, sont l'apanage d'un petit nombre d'ateliers spécialisés, Boulanger en conçoit certaines, telle celle du décor grandiose du cinquième acte de *Marion de Lorme* figurant *La Litière de Richelieu*, monumentale, accompagnée d'un immense cortège de gens d'armes. Écrite en 1829, la pièce censurée est portée à la scène deux ans plus tard au Théâtre de la Porte-Saint-Martin.

*Le Roi s'amuse*, joué en 1832 à la Comédie-Française, donne à Louis Boulanger l'occasion de réaliser sans doute sa plus belle
ill. 77 maquette de costume, *François 1er en négligé du matin*, acte III, pour laquelle il copie la somptueuse tenue de l'un des invités des *Noces de Cana*, de Véronèse, qu'il admire profondément. Bien que Mme Hugo, dans le *Victor Hugo raconté par un témoin de sa vie* (1863), attribue les maquettes des costumes de cette pièce à Auguste de Châtillon, elles sont en réalité l'œuvre de Boulanger, comme l'a identifié récemment Olivia Voisin*. Il en est de même pour les quatorze maquettes de costumes d'*Angelo, tyran de Padoue*, drame représenté à la Comédie-Française en 1835.

*Lucrèce Borgia*, qui remporte un vif succès au Théâtre de la Porte-Saint-Martin en 1833, lui inspire une aquarelle de grand format, *La Scène de l'affront*, présentée au Salon de 1834. Il reprend dans cette œuvre toutes les maquettes de costumes qu'il a conçues pour la pièce, aujourd'hui à la Bibliothèque nationale de France. Empreinte de l'influence de Raphaël et des Vénitiens, elle est révélatrice de l'intérêt de l'artiste pour la restitution historique. Parallèlement, peut-être à la demande de Mlle George, Gavarni exécute quatre maquettes de costumes pour l'actrice, très en vogue à l'époque. Une lithographie aquarellée de Maleuvre, conservée place des Vosges, offre le seul témoignage de la présence de Juliette Drouet dans le rôle de la princesse Negroni.

La collaboration entre Louis Boulanger et Victor Hugo perdure jusqu'en 1838 avec *Ruy Blas*, qui triomphe au Théâtre de la Renaissance, scène privilégiée du drame romantique. Le peintre réalise pour cette œuvre son plus bel ensemble de maquettes de costumes – dont trente et une sont au musée –, au rendu très naturel grâce à l'emploi de l'aquarelle remise à l'honneur par les Anglais et très en faveur auprès des peintres romantiques.

ill. 78 Un siècle plus tard, l'arrière-petit-fils de Victor Hugo, Jean Hugo, crée des décors et des costumes très stylisés, à la gouache, pour le centenaire de *Ruy Blas* à la Comédie-Française, dans une mise en scène de Pierre Dux qui sera reprise très régulièrement jusqu'en 1960. La Maison de Victor Hugo possède également cent quarante-trois maquettes

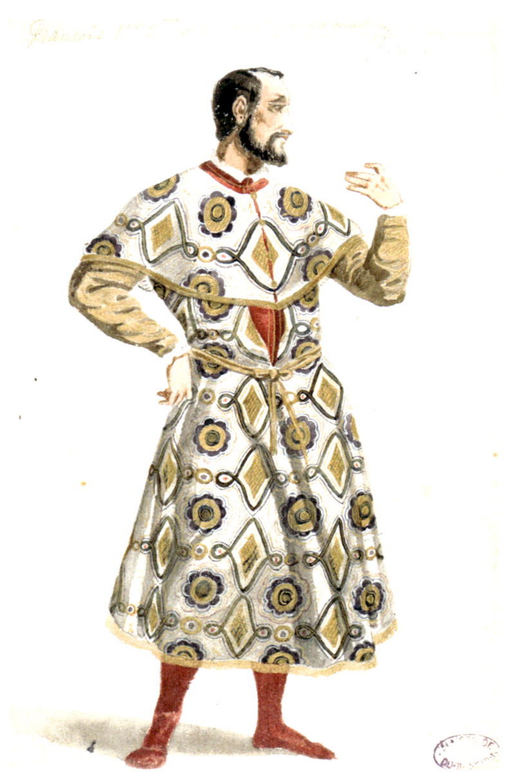

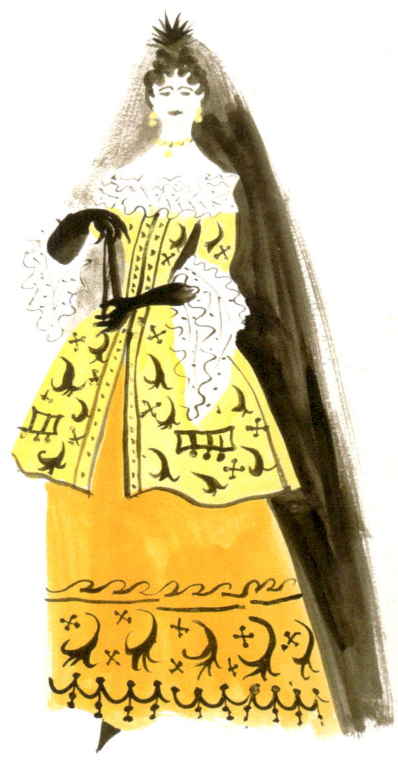

de costumes de l'artiste, remarquablement détaillées, destinées à un projet de film du metteur en scène Raymond Bernard, en 1925, d'après *L'Homme qui rit*.

**La poésie**

À nouveau, Victor Hugo confie l'illustration de son œuvre poétique à Louis Boulanger, qu'il se plaît à nommer « Mon peintre ».

*La Ronde du sabbat*, tirée du poème éponyme du recueil *Odes et ballades* dont l'édition définitive paraît en 1828, révèle l'attrait du peintre pour le macabre empreint de fantastique : les adeptes de Satan célèbrent, dans une cathédrale gothique, leur sabbat infernal. Ils forment autour de leur maître une ronde frénétique qui s'envole en un enchevêtrement de corps monstrueux. Cette œuvre connaît rapidement un énorme succès, comme l'atteste sa diffusion par la lithographie dont Victor Hugo est l'un des premiers à posséder un exemplaire.

**ill. 79**
**François-Nicolas Chifflart (1825-1901)**
*La Conscience*, 1885
Pierre noire
sur papier
61 x 46 cm
MVHP-D-447

**ill. 80**
**Émile Bernard (1868-1941)**
*Voici l'argent*,
vers 1935
Lavis d'encre et
rehauts de gouache
sur papier
34 x 26,5 cm
MVHP-D-4413, pl. n° 30

ill. 81 De même, l'interprétation qu'il donne en 1828 du « Feu du ciel », poème en tête du recueil des *Orientales* publié en 1829, enchante le poète qui ne se séparera jamais de ce tableau, accroché place Royale dès 1832, dans le salon rouge. La toile reprend un épisode de la Genèse : la destruction de Sodome et Gomorrhe par une pluie de soufre et de feu envoyée par Dieu. Elle est révélatrice des rapports étroits qu'entretiennent alors peinture et littérature. Selon Sainte-Beuve, ami intime de Victor Hugo et de Louis Boulanger jusqu'au début des années 1830, c'est le tableau de John Martin *Le Festin de Balthazar* – conservé au Yale Center for British Art, à New Haven (Paul Mellon Collection) –, peint en 1820, qui aurait inspiré ce poème à Victor Hugo. La riche composition de Boulanger fait écho au style « frénétique » de *La Ronde du sabbat* par l'accumulation des personnages, dont les corps emmêlés tourbillonnent autour de l'idole monstrueuse du taureau qu'ils vénèrent.

Le peintre s'attache aussi à traduire « les couleurs orientales » dont Hugo dit, dans la préface, qu'elles « sont venues comme d'elles-mêmes empreindre toutes ses pensées, toutes ses rêveries ». Ses interprétations picturales d'une grande sensualité (*Sara la baigneuse*) sont autant de manifestations du goût romantique pour l'Orient et pour les

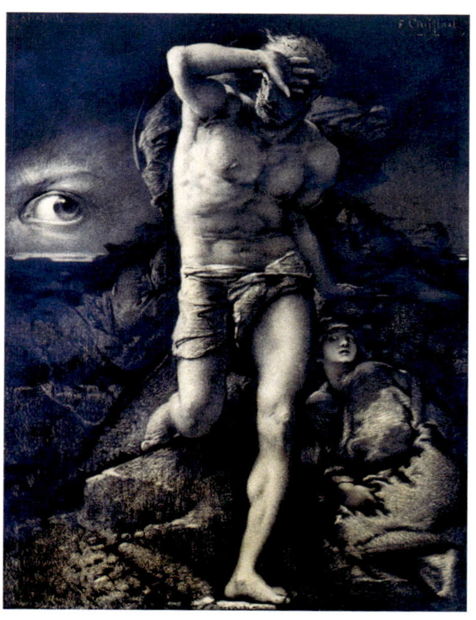


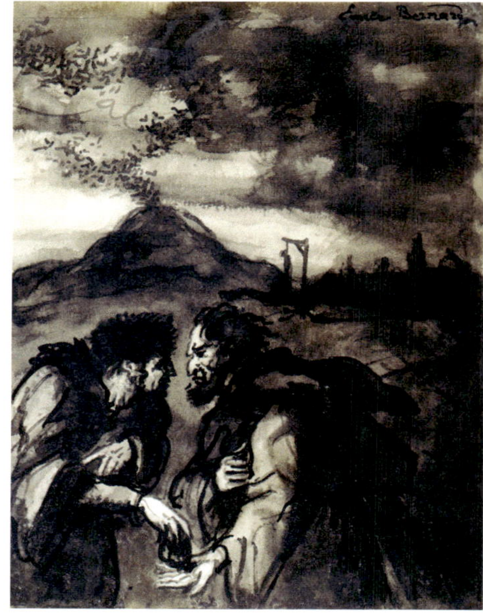

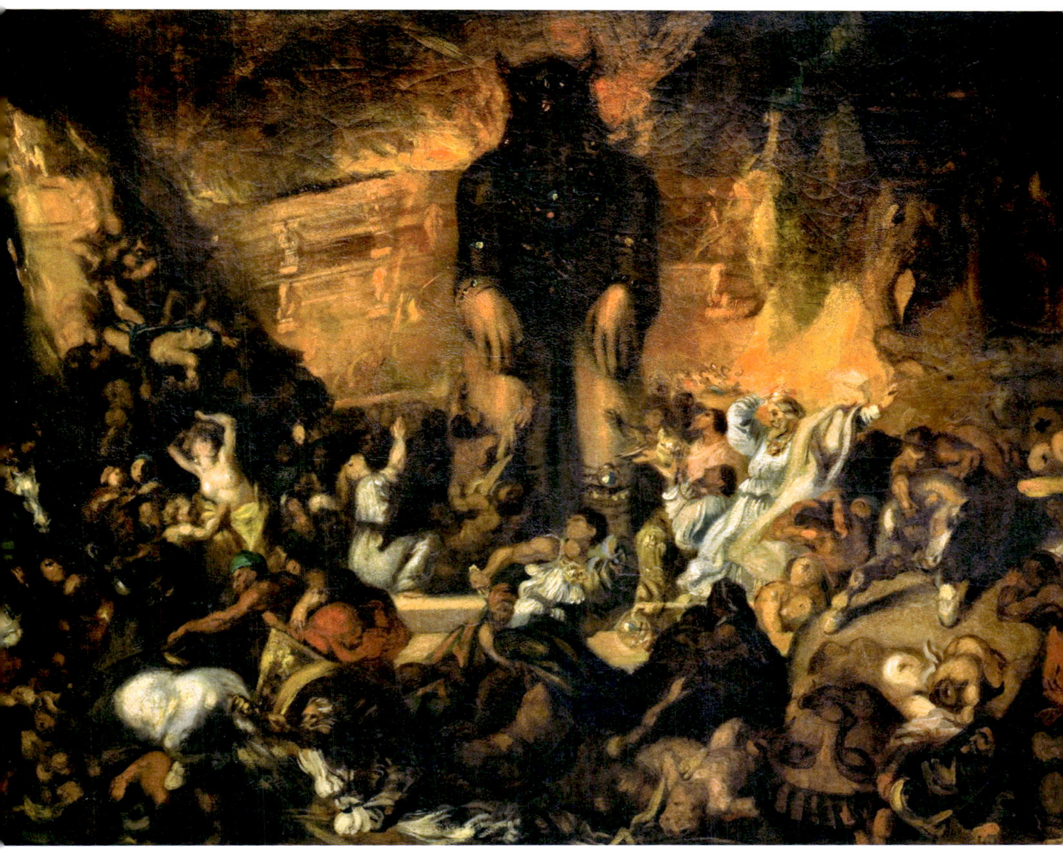

ill. 81
**Louis Boulanger (1806-1867)**
*Le Feu du ciel*, 1828
Huile sur toile
112,9 x 146,5 cm
MVHP-P-212

jeunes femmes recluses au harem ou surprises dans l'intimité du bain. Largement diffusées par la lithographie, dès 1829, elles contribuent à la fortune du poème chez les artistes.

Au Salon de 1902, Jean-Jacques Henner, encore au faîte de sa célébrité, en présente une version corrégienne, qui sera également fort appréciée lorsqu'elle prendra place sur les cimaises de la Maison de Victor Hugo, à laquelle elle était destinée.

Pour autant, le recueil qui suscite le plus grand nombre de commandes pour l'ouverture du musée est *La Légende des siècles* (1859). Le critique et historien d'art Arsène Alexandre, chargé par Paul Meurice de sélectionner les artistes et de leur attribuer un sujet d'illustration de l'œuvre de Hugo, confie à Eugène-Samuel Grasset le thème des « Chevaliers errants », avec la représentation d'Eviradnus, à Théophile-Alexandre Steinlen « Les Pauvres Gens » et à Henri Fantin-Latour, le célèbre poème « Le Satyre ».

**ill. 82**
**Auguste Couder (1790-1873)**
*Notre-Dame de Paris,* 1833
Huile sur toile
165 x 130 cm
MVHP-P-767

Pour l'édition Hugues (vers 1885), François-Nicolas Chifflart, romantique de la seconde génération, exécute une série de dessins de grand format – dont *La Conscience*, issue du poème éponyme –, qui comptent parmi le meilleur de sa production graphique. Le clair-obscur, obtenu par le jeu du fusain, contribue au caractère surnaturel de ces œuvres visionnaires qui traduisent parfaitement les tableaux épiques des *Petites Épopées* (sous-titre de la première série de *La Légende des siècles*). ill. 79

À l'origine, Hugo songe à inclure *La Légende des siècles* dans une trilogie figurant « [...] l'Humanité, le Mal, l'Infini, en ce qu'on pourrait appeler trois chants, *La Légende des siècles*, *La Fin de Satan*, *Dieu* » (Victor Hugo, préface de *La Légende des siècles*, 1859), dont les deux derniers ne seront publiés qu'à titre posthume. Thème récurrent dans la littérature romantique, « La Fin de Satan » apparaît également dans l'œuvre de peintres d'histoire comme Jean-Paul Laurens et Georges-Antoine Rochegrosse qui fournissent les illustrations pour l'édition Hugues (vers 1887).

En 1935, à l'occasion du cinquantenaire de la mort de Victor Hugo, Émile Bernard réalise, dans un tout autre style, une suite de cinquante eaux-fortes sur papier japon – dont le musée a récemment acquis un premier état – pour l'édition illustrée du *Livre contemporain* commandée par Louis Barthou, bibliophile, historien et homme politique. ill. 80

**Le roman**

Présentes dans un grand nombre de romans de Victor Hugo, la méditation sur le rachat, prédominante dans *La Fin de Satan*, et la dénonciation de la peine de mort sont abondamment illustrées.

Dans son esquisse intitulée *La Charrette du condamné*, probablement réalisée l'année de parution du *Dernier Jour d'un condamné* (1829), Louis Boulanger représente Victor Hugo complètement à droite – comme l'a remarqué Olivia Voisin –, immobile face à la foule en mouvement, assistant au passage de la charrette du condamné à mort vers le lieu de son exécution. En intégrant Hugo à la représentation d'une scène cruciale du roman, l'artiste en fait le témoin de l'histoire.

En 1902, Théophile-Alexandre Steinlen évoque à son tour de manière saisissante le supplice du condamné dans *Claude Gueux*, en montrant la tête de ce dernier à travers la lunette de la guillotine, accompagnée de l'injonction de Hugo : « Cette tête de l'homme du peuple, cultivez-la, défrichez-la, arrosez-la, fécondez-la, éclairez-la, moralisez-la, utilisez-la ; vous n'aurez pas besoin de la couper » (Victor Hugo, *Claude Gueux*, 1834).

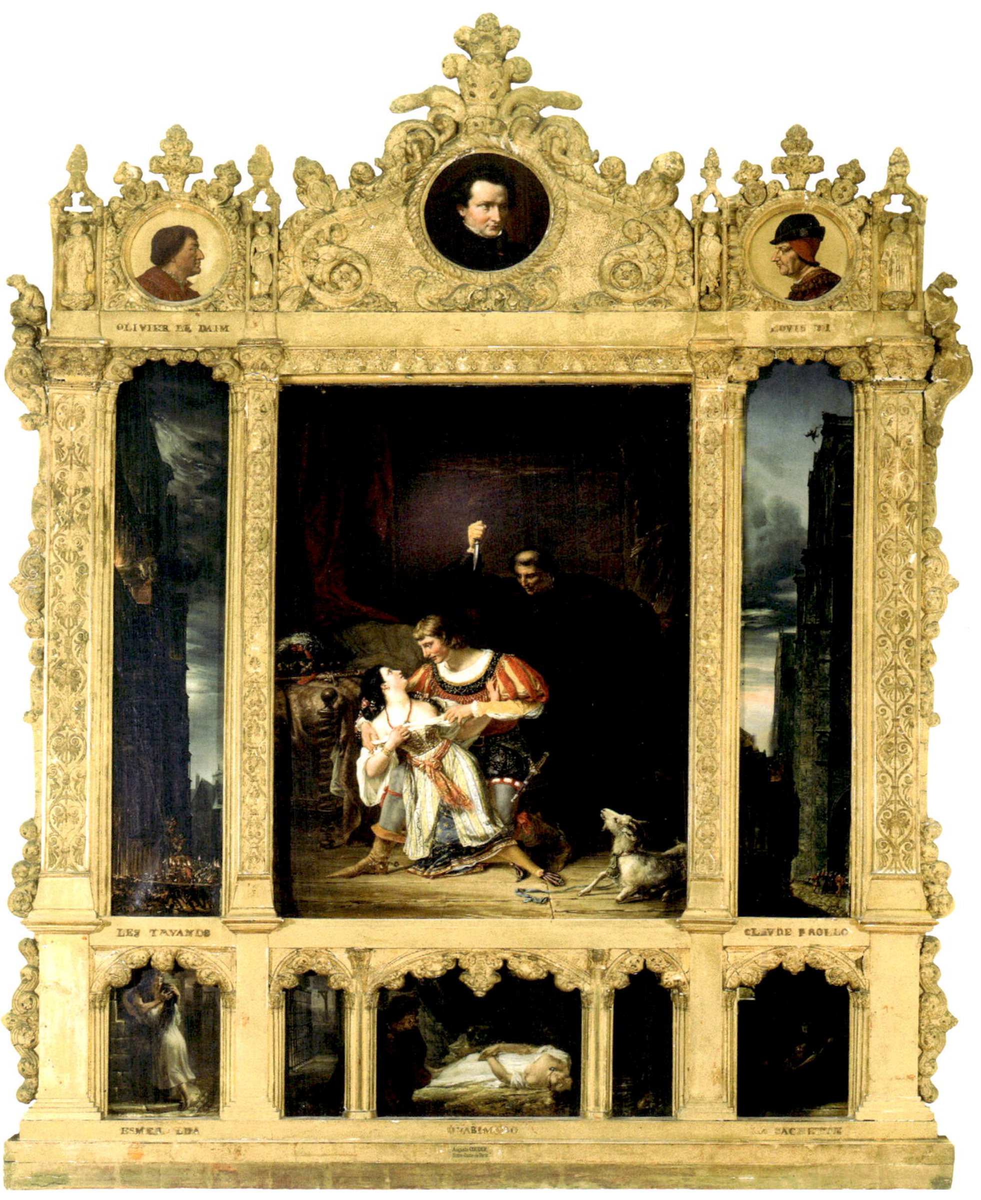
OLIVIER LE DAIM
LES TRUANDS
CLAUDE FROLLO
QUASIMODO

Ce combat de Victor Hugo contre la peine de mort est également inscrit dans *Notre-Dame de Paris* qui s'achève par la pendaison d'une innocente : Esmeralda. Néanmoins, ce passage est assez peu retenu par les illustrateurs, ceux-ci lui préférant des scènes du roman plus pittoresques. Boulanger fixe définitivement le découpage des principaux épisodes de la vie de la jeune gitane dans une série de sept aquarelles. Réalisées en 1831, année de la publication du roman, elles sont exposées au Salon de 1833 où Auguste Couder présente également ill. 82 son triptyque de *Scènes tirées de Notre-Dame de Paris*, au caractère sacrilège de par sa forme en retable et le paganisme de son sujet.

Mais l'un des épisodes de prédilection des illustrateurs, pour son caractère haut en couleur, est certainement « La Cour des Miracles ». ill. 74 Vers 1859, Gustave Doré en donne une version truculente – récemment acquise par la Maison de Victor Hugo –, parfaite incarnation de l'alliance du sublime et du grotesque.

La représentation de « Quasimodo au pilori », qui mêle tragique et comique, rencontre aussi un grand succès. Tony Johannot en fournit l'archétype, exploité par Luc-Olivier Merson dans son tableau commandé pour l'inauguration de la Maison de Victor Hugo, *Une larme pour une goutte d'eau* (titre du chapitre de l'épisode du pilori). Merson a aussi brillamment illustré l'édition nationale de *Notre-Dame de Paris* en 1888-1889.

Avant lui, Gustave Brion avait réalisé pour l'édition Hugues des portraits au fusain des personnages principaux du roman – dont quatre sont conservés au musée –, qu'il présente aux Salons de 1877 et 1878.

Il avait lancé sa carrière d'illustrateur en créant les personnages « types » des *Misérables*, dont Victor Hugo se déclara fort satisfait. Dès l'année de la parution du roman, en 1862, Brion exécute vingt-cinq dessins au fusain – dont la Maison de Victor Hugo possède quatre exemplaires –, destinés à être diffusés sous la forme de photographies. Cette association d'un dessinateur et d'un éditeur de photographies est dictée par des raisons essentiellement financières : vendre un maximum d'épreuves. Les photographies, vendues à l'unité, sont aussi accessibles en album dès 1862. Le succès des images de Brion est tel que, trois ans plus tard, Hetzel lui demande de réaliser la totalité des dessins qui seront gravés pour l'édition Hetzel-Lacroix, constituant la première édition populaire illustrée des *Misérables*.

Les compositions au fusain d'Émile Bayard pour l'édition Hugues (vers 1879) révèlent également une parfaite compréhension de l'œuvre. Son interprétation de *Cosette*, fillette en haillons, empoignant un balai démesuré, est devenue un symbole de l'enfance malheureuse, au même titre que la sculpture en plâtre de François Pompon en 1888, figurant une petite fille qui soulève à deux mains un seau bien trop lourd pour elle.

Enfin, dans le tableau commandé en 1903 par Paul Meurice à Eugène Carrière, l'artiste offre une *Fantine abandonnée*, sous les traits de son épouse Sophie-Adélaïde, d'une douceur et d'une tristesse dont le camaïeu de bruns renforce la gravité. ill. 83

Si l'édition populaire illustrée des *Misérables* participe activement à sa diffusion, il en est de même pour celle des *Travailleurs de la mer* parue en 1869, trois ans après l'édition originale. Désireux de renou-

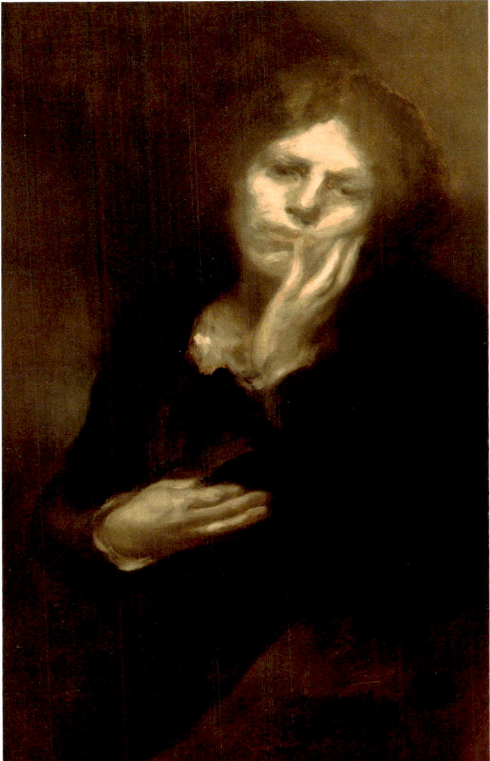

**ill. 83**
**Eugène Carrière (1849-1906)**
*Fantine abandonnée*, 1903
Huile sur toile
100 x 60,2 cm
MVHP-P-225

**ill. 84**
**François-Nicolas Chifflart (1825-1901)**
*Gilliatt englouti par les flots*, 1868
Fusain sur papier
73 x 54 cm
MVHP-D-375

veler l'immense succès des *Misérables* de 1865, Hetzel fait appel à François-Nicolas Chifflart, dont l'art visionnaire et dramatique lui semble particulièrement adapté à l'illustration du roman. L'artiste se rend alors à Guernesey, en 1868, pour présenter ses esquisses à Victor Hugo. L'écrivain lui prodigue de précieux conseils et lui montre ses propres dessins, intégrés au manuscrit des *Travailleurs de la mer*, dont Chifflart s'inspirera, comme l'a démontré Pierre Georgel.
Hugo accueille avec enthousiasme les compositions finales et,
ill. 84 notamment, la monumentale tête de *Gilliatt englouti par les flots* exécutée au fusain : « Il a supérieurement réussi l'illustration des *Travailleurs de la mer*, surtout le côté terrible. »

Peu d'œuvres littéraires ont donné lieu à une production d'images aussi riche que celle de Victor Hugo, tant par la diversité des styles et des techniques, que par l'importance de sa diffusion, notamment au XIXe siècle. En effet, la production hugolienne n'a eu, hormis Émile Bernard et bien sûr Jean Hugo, qu'une faible répercussion sur les artistes au XXe siècle.
À l'exception de son œuvre graphique, de ses portraits et de ceux de sa famille, les illustrations de l'œuvre littéraire de Hugo constituent l'essentiel des collections de peintures et de dessins du musée.

C. L.-A.

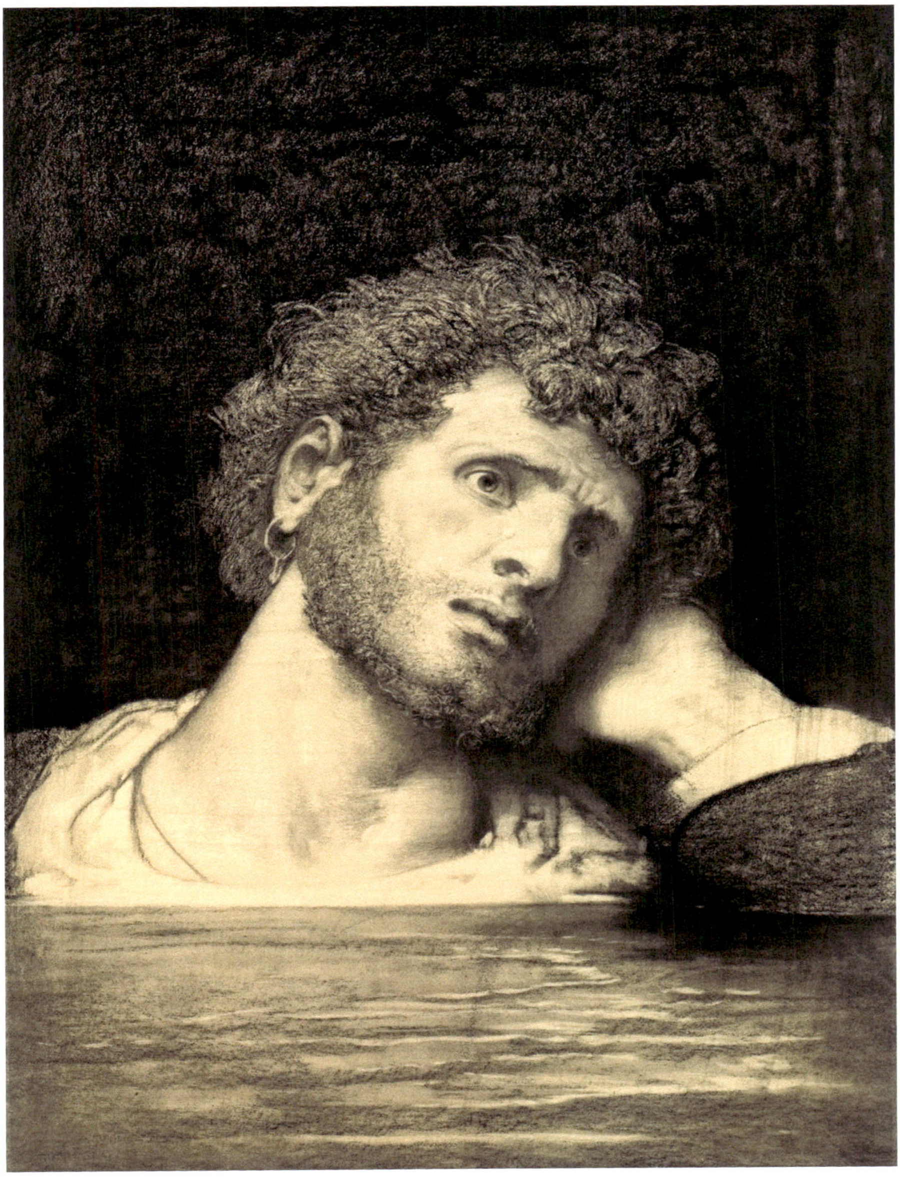

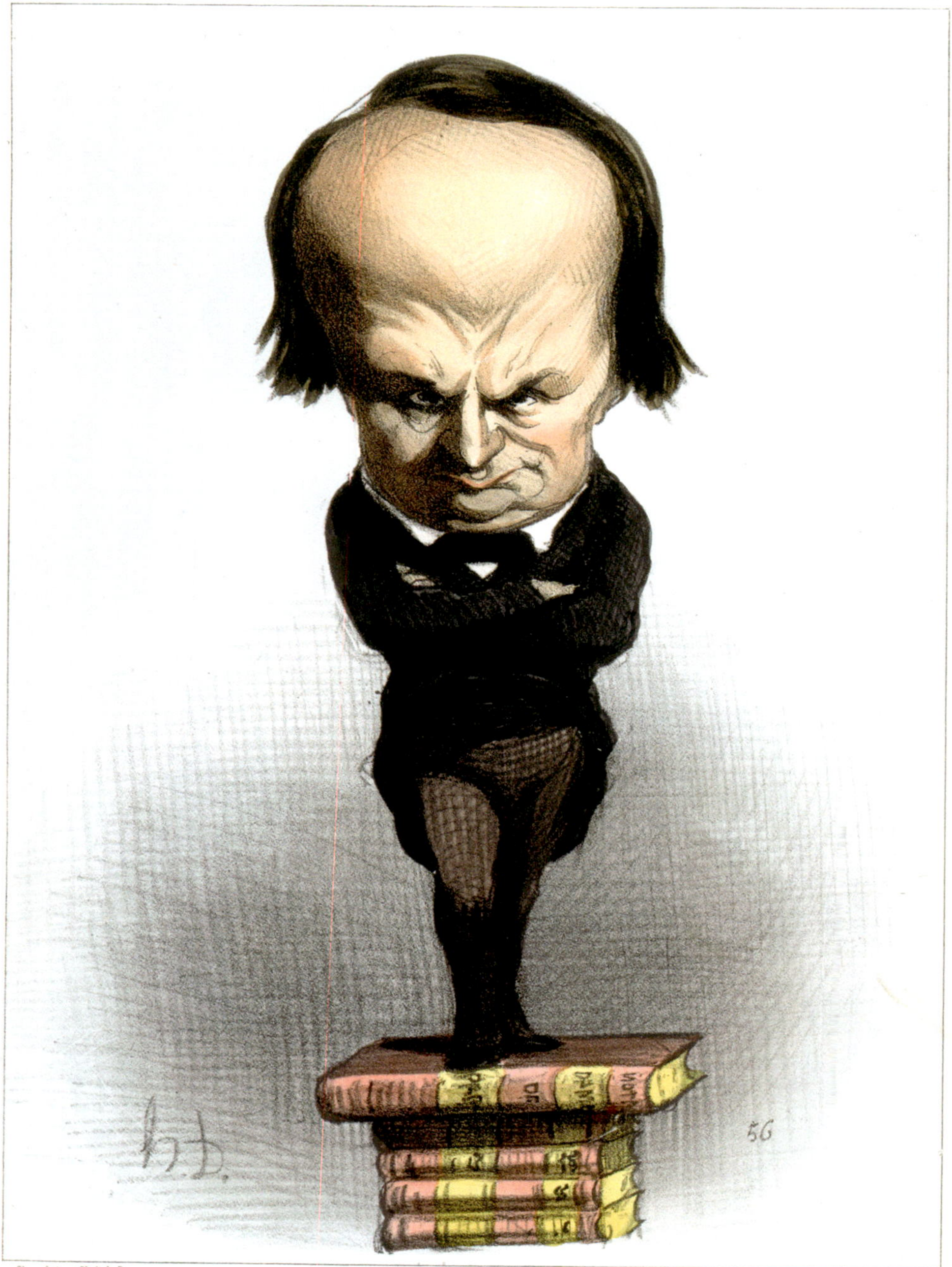

Chez Aubert Pl. de la Bourse.

Imp. Aubert & Cie

**VICTOR HUGO.**

On vient de lui poser une question grave, il se livre à des réflexions sombres — la réflexion sombre peut seule éclaircir la question grave ! — aussi est-il le plus sombre de tous les grands hommes graves !

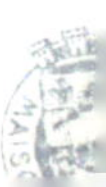

# Les portraits-charges

**« De ton front grand et haut, comme s'il était chauve. »**

Sainte-Beuve à Victor Hugo, *Documents divers, 1827-1830*, Massin, tome III, p. 1371

Figure dominante d'un siècle qui fut l'âge d'or des journaux illustrés satiriques, Victor Hugo a été l'objet de plus d'un millier de portraits-charges. La Maison de Victor Hugo conserve près de deux cents caricatures différentes, dont certaines en plusieurs exemplaires, lithographies signées notamment de Daumier, Grandville, Nadar, Mérimée, Benjamin Roubaud, André Gill, Quillenbois, Cham, et quelques dessins à la plume originaux. Œuvres d'art et témoignages historiques, elles visent les engagements littéraires et politiques de Hugo, jamais sa vie privée, aussi mouvementée fut-elle. Elles ont contribué à construire les images successives du chef de file du romantisme, du député de 1848 indissociable de l'écrivain, de l'exilé de Napoléon-le-Petit, du père de la République.

Dès les années 1830 se développe la figure parodique de l'auteur romantique au front démesurément haut, protecteur des vieilles pierres, « Hugoth » (*La Charge*, 1833), ou géant mélancolique accoudé à Notre-Dame. La caricature relaie les échecs de l'auteur : celui des *Burgraves*, celui de « la grande course au clocher académique » d'un Victor Hugo difficilement élu à l'Académie (Grandville, *La Caricature*, 1839).

Pendant l'exil, et malgré la censure politique, les caricaturistes n'oublient pas le grand homme. Pourtant, de nombreux portraits-charges perdent de leur dimension satirique pour participer à la gloire d'un légendaire sage à barbe blanche, conscient du pouvoir de l'image. Après l'exil, la caricature, presque exclusivement louangeuse, devient l'une des clés qui lui ouvrent la porte du Panthéon et diffuse l'image du « vieux briseur de fers » défenseur de l'amnistie des Communards, et plus largement de tous les « Misérables ».

L. J.

**ill. 85**
**Honoré Daumier (1808-1879)**
« Les représentants représentés »,
*Le Charivari*,
10 juillet 1849
Lithographie
33,2 x 24,5 cm
MVHP-E-3017

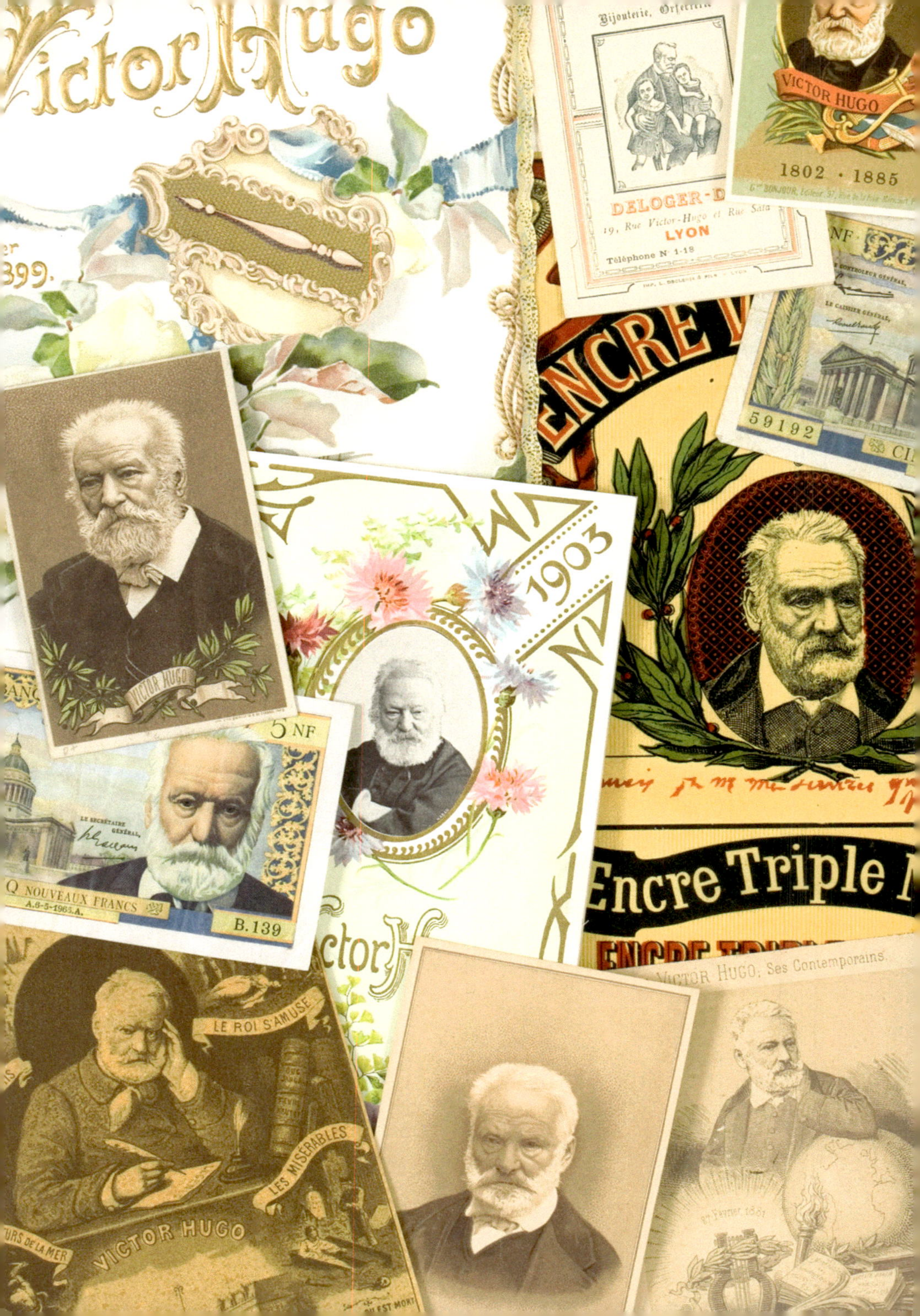

Victor Hugo
Bijouterie, Orfèvrerie
VICTOR HUGO
1802 · 1885
DELOGER-D
19, Rue Victor-Hugo et Rue Sala
LYON
Téléphone N° 1-18
ENCRE
59192
1903
VICTOR HUGO
5 NF
LE SECRÉTAIRE GÉNÉRAL
Q NOUVEAUX FRANCS
A.6-5-1965.A.
B.139
Encre Triple
Victor Hugo
VICTOR HUGO, Ses Contemporains.
LE ROI S'AMUSE
LES MISÉRABLES
VICTOR HUGO

# De l'œuvre à l'homme : images de Hugo, Hugo en images

« Je suis une chose publique. »
Victor Hugo, *Carnets de la guerre et de la Commune*, 27 novembre 1871

ill. 86
Ensemble d'agendas, de cartes postales, de publicités et de billets de banque à l'effigie de Victor Hugo ou faisant mention de son nom

Arrivé à ce point du guide de la Maison de Victor Hugo, on pense avoir de l'ensemble des collections un panorama complet. Il n'en est rien. C'est un peu comme une maison dont on a visité le salon, le bureau, la bibliothèque, l'atelier, entraperçu une ou deux chambres, mais dont on n'aurait vu ni le grenier, ni la cave, et dont on n'aurait en réalité ouvert aucune des armoires. Or, elles regorgent de boîtes, cartons, et autres objets inattendus. On lit sur la tranche des cartons des titres qui sont ceux des œuvres de Hugo, et puis aussi « portraits 1832-1838 » ou « portraits, famille », « maisons », « ouverture du musée », « funérailles », « partitions », « commémorations ». Il y en a tant qu'il est ici impossible d'en dresser un inventaire exhaustif. Mais du moins, peut-on tenter d'en dessiner les contours.

## La diffusion de l'œuvre

La grande majorité de ces cartons contient des estampes de tous formats, de toutes origines, sur tous supports, consacrées à l'œuvre de Hugo. On y trouve, par exemple, les gravures de Gustave Doré, les lithographies de Nicolas Maurin et de Tony Johannot pour *Notre-Dame de Paris*, les gravures de Gustave Brion, d'Émile Bayard et d'Alphonse de Neuville pour *Les Misérables*. On y découvre quantité ill. 87

de « Sara la baigneuse », de « Booz endormi », de Marie Tudor, de Lucrèce Borgia… Les premiers recueils de Victor Hugo, théâtre, prose et poésie, ne sont en général ornés que de vignettes ou frontispices. S'ils ont donné lieu à des peintures ou des dessins, les plus fameux d'entre eux seront très vite diffusés, comme c'est l'usage, par la lithographie. À partir des années 1850, les progrès de l'édition, la multiplication d'éditions populaires illustrées – la technique de gravure dite du « bois de bout » permettant des tirages plus importants –, la reprise des romans en feuilleton dans les journaux, provoquent une vague considérable d'illustrations. Lesquelles passent, recadrées, compliquées d'ornements, agrandies, rétrécies, compilées, du livre au magazine, du magazine au journal et de l'édition française à l'édition étrangère. Une intense circulation s'organise ainsi, qui finit par imposer, pour telle œuvre, pour tel personnage, une seule et même image. Hugo n'échappe pas à ce mouvement, et l'essentiel des estampes contenues dans ce fonds (qui se comptent en milliers, et souvent en plusieurs exemplaires) provient d'éditions illustrées et d'éditions des *Œuvres complètes*. Si le genre romanesque est un peu privilégié, notamment en raison de sa reprise dans les journaux, on trouve un

**ill. 87**
**Nicolas Maurin (1799-1850)**
*Place Notre-Dame*, 1841
Lithographie
24 x 18,5 cm
MVHP-E-388-1

**ill. 88**
**Anonyme**
*Sarah Bernhardt dans « Hernani », 21 novembre 1877*
Carte postale
14 x 9 cm
MVHP-E-2009.0.51

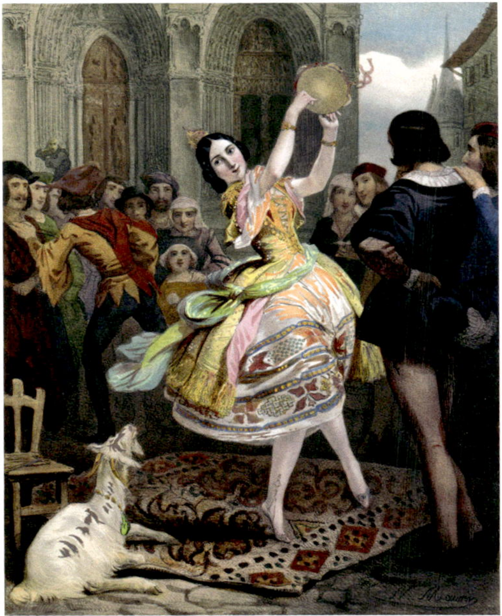

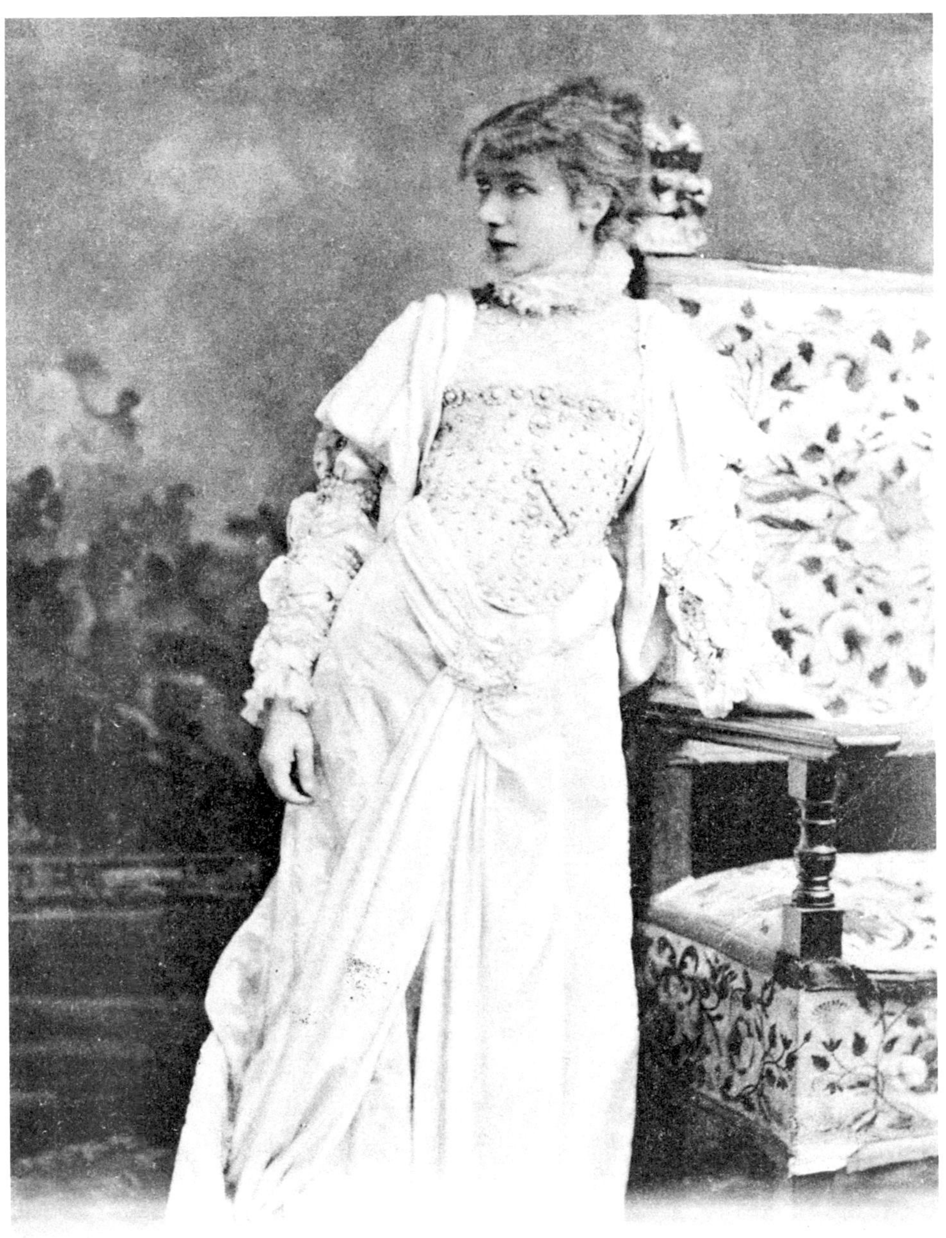

nombre très important de planches pour le théâtre et la poésie. Cette iconographie à la fois pléthorique et répétitive a contribué à fixer l'image des œuvres et en constitue la première adaptation. Le cinéma, entre autres, y puisera abondamment. Outre les illustrations, ce fonds comprend, pour ce qui est plus particulièrement du domaine théâtral, ill. 88 des photographies d'acteurs, affiches, programmes, comptes-rendus critiques, partitions des poèmes mis en musique, livrets d'opéras, etc.

**Le rayonnement de l'homme**

L'autre versant concerne l'homme, via des objets et souvenirs personnels, et célèbre la personne de Hugo par le biais, essentiellement, de portraits et de caricatures. Il s'agit là encore d'estampes, mais on y trouve également des objets reprenant l'image du poète ou faisant référence à son nom, d'innombrables documents (programmes, invitations, récits, comptes-rendus) témoignant des commémorations : l'anniversaire des quatre-vingts ans, le centenaire, le bicentenaire de sa naissance. Parmi la masse considérable de représentations de Victor Hugo, trois ou quatre surnagent qui, sous forme de caricatures, ou sous l'aspect de portraits « officiels », sont devenues LE visage de Hugo : le jeune poète des *Orientales* immortalisé par les gravures tirées du portrait de Devéria, le proscrit perché sur son rocher, ou le vieil homme aux cheveux et à la barbe blanche tel que l'immortalisent les portraits tirés soit de la photo de Nadar, soit du tableau peint par Bonnat – c'est ce dernier visage de Hugo qui figurera sur les billets ill. 86 de banque.

Enfin, le musée conserve également des souvenirs intimes que la famille de Victor Hugo comme celle de Juliette Drouet ont fait entrer ill. 91 dans les collections. Il s'agit là de reliques – dents, cheveux de Hugo, chaussons de Léopoldine, robe de cette dernière le jour de sa mort, casquette portée par Hugo lors de sa fuite de Paris en 1851 –, mais on y trouve aussi des traces de son activité d'écrivain – table de *La Légende* ill. 89 *des siècles*, plumes des *Misérables*, écritoire –, divers souvenirs rassemblés par le poète – cocardes cueillies à Waterloo, pain du siège de Paris en 1870 –, et quelques signes que l'on dirait de gloire – décoration, épée et habit d'académicien –, ainsi que de très nombreuses œuvres reçues en don et en hommage.

Mention spéciale doit être faite ici de la maison de poupées destinée ill. 92 à ses enfants que Victor Hugo conçut et réalisa avec Louise Bertin. Elle permet d'évoquer et de comprendre le rapport intime, secret, tout de proximité et d'attention, qui était également celui de Hugo avec ses proches.

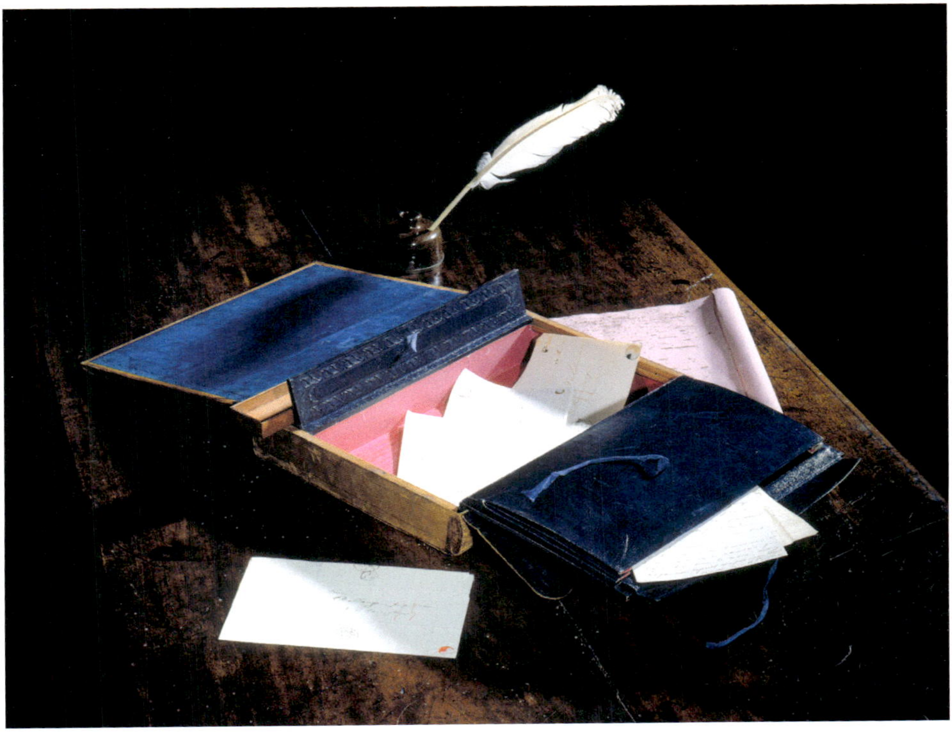

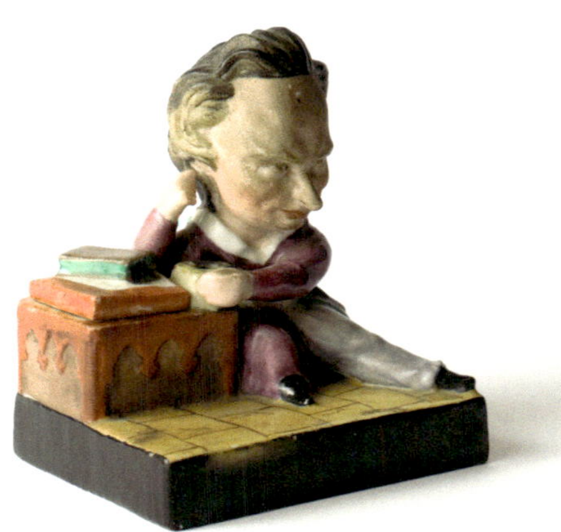

**ill. 89**
Pupitre de voyage
de Victor Hugo
Cuir, bois, tissu, laiton
36,5 x 7,5 cm
MVHP-0-2036

**ill. 90**
**Anonyme**
Encrier à l'image
de Victor Hugo,
vers 1840
Faïence
11 x 8 x 12 cm
MVHP-0-1283

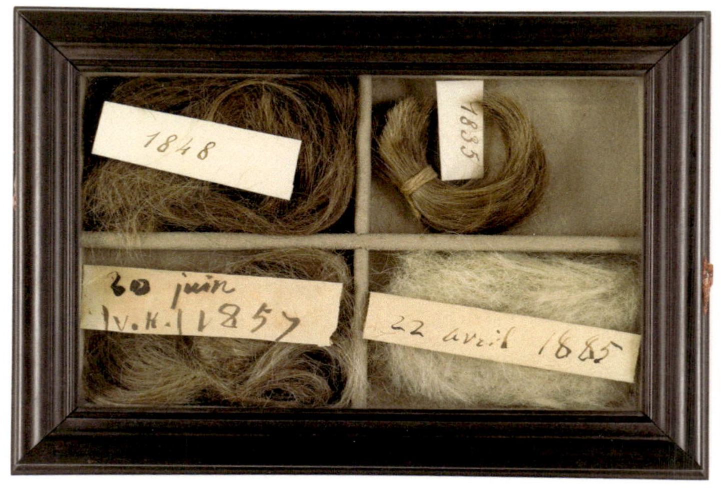


**ill. 91**
Boîte contenant des cheveux de Victor Hugo à différents âges
Cheveux, encre sur papier, bois, verre
19 x 26,7 x 4,4 cm
MVHP-0-2009.0.52

**ill. 92**
**Victor Hugo (1802-1885) et Louise Bertin (1805-1877)**
*La Maison des enfants*
Cartes à jouer découpées et pliées, encre brune, encre dorée et gouache
23,8 x 44,5 x 8,5 cm (boîte fermée)
MVHP-0-1317

## De l'homme au mythe

On pourrait également imaginer classer ces documents et objets selon leur date. On distinguerait, ainsi, ceux produits du vivant de Hugo et ceux créés ou diffusés après sa mort – portraits officiels, bustes, monuments publics, écoles, rues et avenues baptisées de son nom –, le moment de la mort et les funérailles constituant un ensemble particulier très abondamment documenté. Ce regard chrono-
ill. 90 logique nous apprend, par exemple, que les premiers objets « populaires » réalisés à l'effigie de Hugo l'ont été pendant les années d'exil – années qui voient se former l'image un peu légendaire d'un Hugo incarnant, non seulement l'écrivain de génie, mais également la « conscience » d'un peuple. Ainsi, quelles que soient leur origine ou leur nature – illustrations, affiches, coupures de journaux, objets populaires –, cette masse profuse, hétéroclite, disparate, permet de confectionner une sorte de jeu de miroir – Hugo en images, images de Hugo – qui nous parle à la fois de Hugo lui-même et de son œuvre, et de la place qu'ils ont pris dans la mémoire collective. Que ce soit de son vivant ou après sa mort, selon les époques, selon les pays, on met en avant l'écrivain, le député, le proscrit, l'opposant acharné à la peine de mort, le romantique de la bataille d'*Hernani*, le poète de *La Légende des siècles*, l'auteur des *Misérables*, le grand-père de Georges et de Jeanne, l'inspirateur de l'Europe, chacun de ces Hugo-là ayant suscité une trace – un dessin, une gravure, un vers repris en frise au dos d'un cahier d'écolier, une affiche, une photo… – qui est

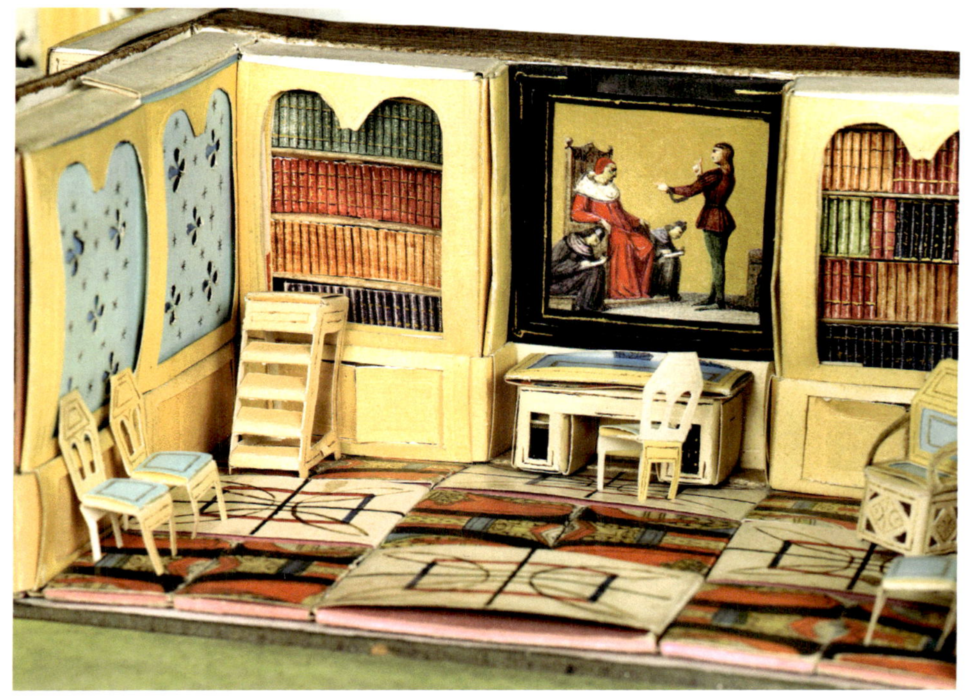

conservée dans ce fonds de la Maison de Victor Hugo. Le vieil homme à la barbe et aux cheveux blancs, un peu ventru mais très digne, tel que le figure Bonnat, sera ainsi décliné sous d'innombrables formes : gravures diffusées dans la presse, tabatières, boîtes de cigares, partitions, affiches, almanachs, cahiers d'écoliers.

### Le musée populaire

Il faut évoquer ici plus particulièrement le « musée populaire » dont l'idée est venue à son créateur, Paul Beuve, en revenant des funérailles de Victor Hugo, le 1er juin 1885. Il remarque ce jour-là, à la vitrine d'un marchand de bric-à-brac, une assiette à l'effigie du poète. Il l'achète. Et commence alors, au jour le jour, une quête de tous les objets portant d'une manière ou d'une autre l'image de Hugo. Assiettes, bouteilles, boîtes, pains d'épices, calendriers, encriers, cartes, boutonnières, cartes postales, affiches, jeux de cartes, prospectus, chenets, porte-plumes, médailles, montres, chansons, papiers peints, tissus d'ameublement, tablettes de chocolat, enseignes « Gavroche », « Esmeralda » viennent rejoindre le premier achat. Dix ans plus tard, la collection comprend déjà près de quatre mille pièces. Et ne cesse de gonfler. Au tournant des années 1900, Paul Beuve entrera en

ill. 93

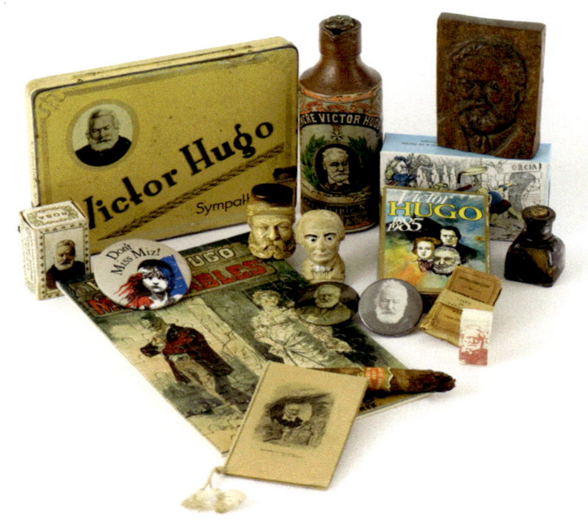


**ill. 93**
Boîte de cigares, cigares, bouteilles d'encre, fourneaux de pipe, sucre emballé, jeux de cartes, puzzle, bois gravé, pin's, boîtes et médaillons à l'effigie de Victor Hugo

contact avec Paul Meurice, et la collection, forte de plus de huit mille objets – dont une grande partie d'estampes, de portraits gravés ou photographiés –, sera intégrée, dès l'origine, dans le fonds de la Maison de Victor Hugo sous la dénomination de « musée populaire ». Ce fonds tout à la fois iconique et iconoclaste, d'inspiration fétichiste et répondant à des visées commerciales, mêlant le bon et le mauvais goût, l'humour volontaire à l'humour involontaire, a été depuis l'ouverture du musée constamment enrichi par des collectes ou des dons, en particulier au moment des commémorations. Il s'est ainsi augmenté de quelques « cuvées spéciales », de diverses cartes téléphoniques, flyers et autres pin's. L'époque a changé, le goût du culte et le nom de Hugo sont toujours vivants.

### Du mythe au musée

Ces multiples et parfois inattendues variations que les collections du musée permettent de suivre pas à pas éclairent le cheminement iconographique « médiatique » qui, sur un siècle et demi, transforme un auteur en personnage et un personnage en icône. Il va sans dire que l'icône joue ici exactement son rôle et voile en grande partie la réalité de l'œuvre : on reconnaît immédiatement Hugo, mais cela n'entraîne pas forcément qu'on l'ait lu ou qu'on le lira.

Incessants jeux de miroirs où l'image reflétée est seule restée visible, tout à la fois extrêmement familière et totalement irréelle, la puissance,

# Généalogie

**Joseph Hugo**
Baudricourt, 24-10-1727
Nancy, 12-04-1799

**Jeanne Marguerite Michaud**
Dole, 21-03-1741
Nancy, 15-02-1814

**Jean-François Trébuchet**
Petit-Auverné, 30-04-1731
en mer, 01-09-1783

**Renée-Louise Lenormand du Buisson**
Saint-Fiacre, 28-08-1748
Nantes, 13-08-1780

**Léopold Hugo**
Nancy, 15-11-1773
Paris, 29-01-1828

*Épouse* ***Sophie Trébuchet***
*Nantes, 19-06-1772*
*Paris, 27-06-1821*

**Abel Hugo**
Paris, 15-11-1789
Paris, 08-02-1855

**Eugène Hugo**
Nancy, 16-09-1800
Charenton, 20-02-1837

**Victor Hugo**
Besançon, 26-02-1802
Paris, 22-05-1885

*Épouse* ***Adèle Foucher,***
*le 12-10-1822*
*Paris, 26-11-1803*
*Bruxelles, 27-08-1868*

**Léopold Hugo**
Paris, 16-07-1823
Blois, 10-10-1823

**Léopoldine Hugo**
Paris, 28-08-1824
Villequier, 04-09-1843
*épouse Charles Vacquerie (1817-1843)*

**Charles Hugo**
Paris, 01-11-1826
Bordeaux 13-03-1871
*épouse Alice Lehaene (1847-1928)*

**François-Victor Hugo**
Paris, 21-10-1828
Paris, 16-12-1873

**Adèle Hugo**
Paris, 24-08-1830
Suresnes, 21-04-1915

**Georges I Hugo**
Bruxelles, 31-03-1867
Paris, 14-04-1868

**Georges II Hugo**
Bruxelles, 16-08-1868
Paris 05-02-1925
*1re ép. Pauline Ménard*
*2e ép. Dora Charlotte Dorian*

**Jeanne Hugo**
Bruxelles, 29-09-1869
Paris, 30-11-1941
*1re ép. Léon Daudet*
*2e ép. Jean Charcot*
*3e ép. Michel Négreponte*

*1er mariage*
**Jean Hugo**
Paris, 19-11-1894
Lurel, 21-06-1984
*1re ép. Valentine Gross (1887-1968)*
*2e ép. Lauretta Hope-Nicholson (1920-2005)*
*– 7 enfants*

**Marguerite Hugo**
1896-1984

*2e mariage*
**François Hugo**
1899-1982
*1re ép. Marie Ruspoli*
*– 1 enfant*
*2e ép. Monique Wilhem*
*– 2 enfants*

*1er mariage*
**Charles Hugo**
1892-1960

Directeur de publication :
Danielle Molinari

Coordination éditoriale
à la Maison de Victor Hugo :
Alexandrine Achille

Conception graphique :
Nicolas Hubert

Suivi éditorial :
Hélène Studievic

Secrétariat de rédaction :
Sylvie Bellu

Droits iconographiques :
Laurence Goupille

Fabrication :
Mara Mariano
Saint-Véron Pompée

Photogravure :
Fotimprim, Paris
Impression :
Deckers – Snoeck (Anvers)

Cet ouvrage est composé
en New Caledonia, Bulldof
Papier : Arctic the Silk 130g

Achevé d'imprimer sur les presses
de Deckers – Snoeck (Belgique)

ISBN : 978-2-7596-0085-4

Diffusion Actes Sud
Distribution UD - Union distribution

Dépôt légal : octobre 2009


Les musées de la Ville de Paris
28, rue Notre-Dame-des-Victoires
75002 Paris
www.parismusees.com

**Crédits photographiques**

Toutes photographies © Maisons de Victor Hugo/Roger-Viollet sauf :

© Christophe Fouin : p. 14 (haut droite)

© Edmond Bacot/Maisons de Victor Hugo/Roger-Viollet : p. 78 ; Julia Margaret Cameron/Maisons de Victor Hugo/ Roger-Viollet : p. 80 (bas) ; Étienne Carjat/ Maisons de Victor Hugo/Roger-Viollet : p. 79 ; Fr. Cochennec et P. Roux/ Maisons de Victor Hugo/Roger-Viollet : p. 75, 125 ; L. Degrâces et Ph. Joffre/ Maisons de Victor Hugo/ Roger-Viollet : p. 14 (milieu gauche), 32, 48 (droite) ; E. Emo et St. Piera/ Maisons de Victor Hugo/Roger-Viollet : p. 14 (milieu droite), 36 ; Aaron Gerschel/ Maisons de Victor Hugo/Roger-Viollet : p. 9 ; Charles Hugo/ Maisons de Victor Hugo/Roger-Viollet : p. 31, 50 (haut droite), 70, 73 ; Charles Hugo et A. Vacquerie/ Maisons de Victor Hugo/ Roger-Viollet : p. 74 ; Joël Laiter/Maisons de Victor Hugo/Roger-Viollet : p. 82 ; Gustave Le Gray/Maisons de Victor Hugo/Roger-Viollet : p. 81 ; Daniel Lifermann/ Maisons de Victor Hugo/Roger-Viollet : p. 123 (haut) ; Alain Mazeran/ Maisons de Victor Hugo/ Roger-Viollet : p. 4, 12 ; Olivier Mériel/ Maisons de Victor Hugo/Roger-Viollet : p. 83 ; Nadar/ Maisons de Victor Hugo/ Roger-Viollet : p. 80 (haut) ; Stéphane Piera/Maisons de Victor Hugo/Roger-Viollet : p. 22, 50 (bas droite), 101, 118, 123 (bas), 124, 126 ; Patrick Pierrain/ Maisons de Victor Hugo/Roger-Viollet : p. 38 ; Auguste Vacquerie/ Maisons de Victor Hugo/Roger-Viollet : p. 97 (gauche)

© Sylvain Sonnet : p. 14 (haut gauche et bas gauche et droite), 16, 40, 46

Illustration de couverture : panneau de bois du salon chinois de Hauteville Fairy (détail). Photographie et montage © Gilles Beaujard